ブレードランナー
証言録

ハンプトン・ファンチャー Hampton Fancher
マイケル・グリーン Michael Green
渡辺信一郎 Watanabe Shinichiro
ポール・M・サモン Paul M. Sammon
大野和基 編・訳 Ohno Kazumoto

インターナショナル新書 039

目次

第一章　ハンプトン・ファンチャー

『ブレードランナー』とフィルム・ノワール／デッカードはレプリカントか？／「シティ・トーク」誕生秘話／リドリー・スコットからの電話／『２０４９』のＤＮＡは前作にある／ドゥニ・ヴィルヌーヴは天才だ／リドリー・スコットは画家だ／フィリップ・Ｋ・ディックを探して／映画は原作とはまったくの別ものだ／俳優として『ブレードランナー』に出演したいか？

7

第二章　マイケル・グリーン

『２０４９』のエンディングは脚本通りだ／デッカードは人間でもありレプリカントでもある／『電気羊』は我々の基準ではない／ＳＦの悪党がロール・モデルになるとき／『ウォール街』のスピーチの恐ろしさ／レプリカントの人間性／『ブレードランナー』と文学／『ブレードランナー』は進化する作品だ／Ｋのキャラクターはライアン・ゴズリングしかいない／キャストと築き上げていく映画／ファンチャーがこの世に存在するの

45

最高に知的な人物だ／愛すべき男ルトガー・ハウアー／酷評された『ブレードランナー』／シド・ミードとは何者か？／バンド・デシネの影響／『電気羊』と『ブレードランナー』は本質的に同じものだ／試写版が一番優れたヴァージョンだ／デッカードは結局何者か？／AIは人類にとって危険なものになりうる／グローバリゼーションへの警告／人間であるための条件とは？

解説　中条省平

※映画タイトルに付された年号は、オリジナル版公開時のものです。

第一章　ハンプトン・ファンチャー

ハンプトン・ファンチャー

脚本家、俳優、映画プロデューサー。1938年、アメリカ・カリフォルニア州生まれ。テレビドラマを中心に俳優として活躍した後、脚本家、作家に転身。『ブレードランナー』（1982年）のほか、『刑事クイン／妖術師の島』（1989年）などの脚本を執筆。2017年には、自身についてのドキュメンタリー映画*Escapes*が公開されている。

『ブレードランナー』は、俳優から執筆業に転身をはかっていたハンプトン・ファンチャーが、カルト的SF作家フィリップ・K・ディック[*1]の『アンドロイドは電気羊の夢を見るか？』を読んだときに始まった。彼は、この奇妙な小説を映画化しようと奔走し、その情熱に導かれるかのように様々な偶然が重なり、『ブレードランナー』シリーズは現前する。ニューヨーク、ブルックリンの閑静な住宅街で静かに執筆を続けるその男ファンチャーが、映画の背後に存在する伝説の真実を明らかにしてくれた。

『ブレードランナー』とフィルム・ノワール

――『ブレードランナー』（一九八二年）の脚本にフィルム・ノワール[*2]の要素を入れようと思ったのはなぜですか。

ハンプトン・ファンチャー（以下ファンチャー） あれは、一九七八年か七九年だったと思う。フィリップ・K・ディックの『アンドロイドは電気羊の夢を見るか？』（一九六八年。以下『電気羊』）を読んだのがきっかけだ。本は気に入らなかったが、映画の視点から見て一つ興味深い要素があった。それは一人の男が何体かのアンドロイドを追跡するというものので、そのような部分をもとにしてアイデアを積み重ねていった。構造的にはかなり単純なものだった。それが本から提供されたアイデアだ。

第二草稿、第三草稿のあと、いろいろ考えはじめたが、当時はレイモンド・チャンドラーの作品をたくさん読み漁《あさ》っており、それがきっかけでフィルム・ノワールについて思いついたんだ。主人公がやさぐれたアルコール依存症で、失望のどん底にあるシニカルな男であれば、おもしろくなるだろうと思った。結婚しておらず、孤独だ。私は配役にロバート・ミッチャム*3を想定して書き進めていった。

ちょうどその頃リドリー・スコットが関わってきた。最初はロバート・マリガン*4という別の監督がいたが、引き継いだリドリーはフィルム・ノワールのアイデアを理解してくれた。最初に彼の興味を引きつけたのがまさにフィルム・ノワールのアイデアだったと思う。その段階では、アパートの中という非常に限られた空間でストーリーは展開し、まだあの独特の世界は存在しなかった。それがじわじわ発展していった。

リドリーが関わる前は、想定通りロバート・ミッチャムに主役をやってもらう予定だった。

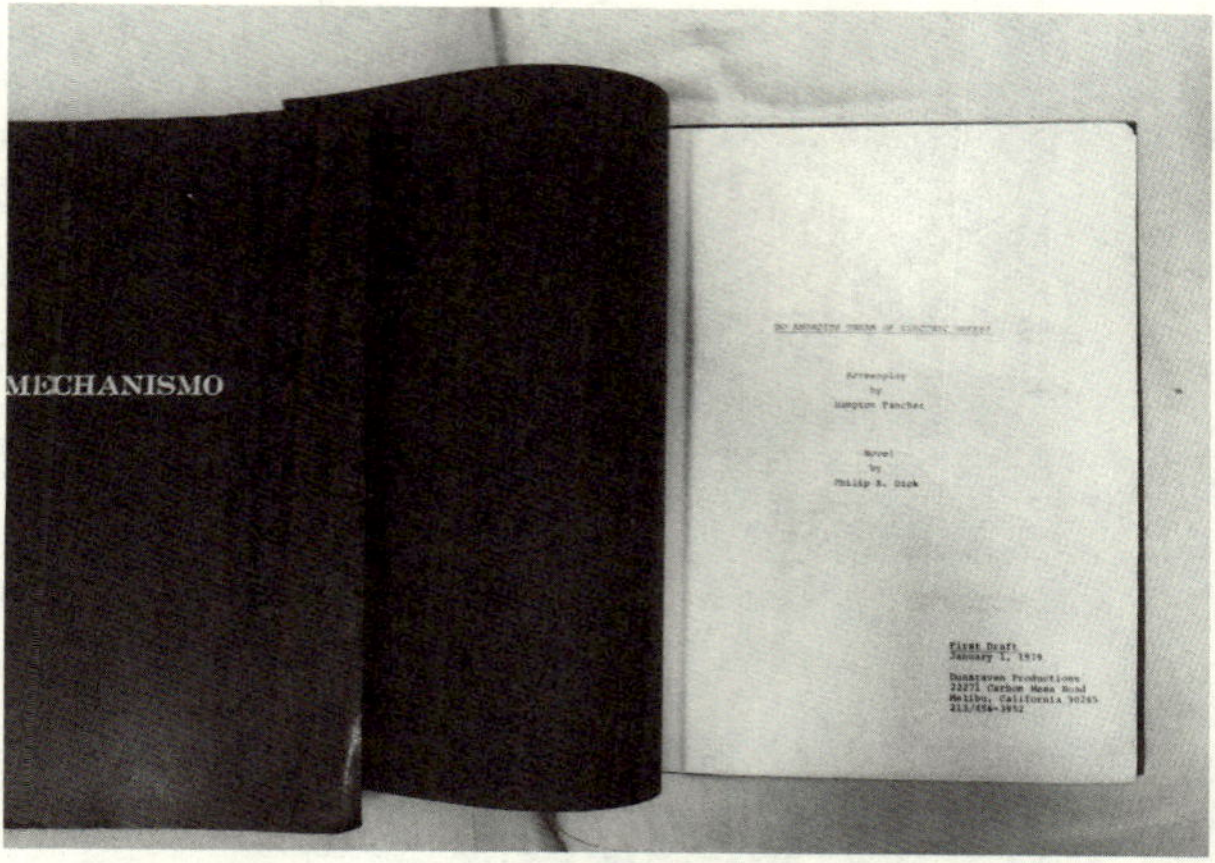

“MECHANISMO”（メカニズモ）という仮タイトルが付けられた『ブレードランナー』の脚本第一稿。ここから紆余曲折の末、映画『ブレードランナー』が生まれる。

それから脚本が大幅に直され、ハリソン・フォードがその役にぴったりであるように思えてきた。ただ、その配役について確信をもてる者はいなかった。ハリソンはまだスターになっていなかったからね。スピルバーグが作っていた未完成の新しい映画のラッシュ（『レイダース／失われたアーク《聖櫃》』一九八一年）を見るために、みんなでロンドンに行ったが、その主役を演じる彼を見たときに、初めていけると思ったんだ。それからはハリソンにもっとふさわしいように話を変えていった。

デッカードはレプリカントか？

——あなたは否定しているが、デッカードはレプリカントなのでしょうか。レプリカントだと主張するリドリー・スコットについてはどう思いますか。

ファンチャー　答えを明確にしない方がいいと思う。私がいつも言ってきたのは、もし彼が間違いなくレプリカントであると断定すれば、"The cat is out of the bag."（猫が袋から出た＝秘密がばれた）ということになる。疑問符のままにしておくほうがおもしろい。だから私は明確な答えから遠ざかっていた。リドリー・スコットははっきりさせたがったが、私はそのことで彼と言い争ったんだ。

「煮立っているスープ」。『ブレードランナー』で絵コンテまで描かれたが採用されず、『ブレードランナー2049』で復活した幻のシーンだ。

しかし、私はこのことについての論争が好きだ。あなたが「デッカードはレプリカントではない、純粋な人間だ」と主張し、あなたの奥さんが「違う。レプリカントである証拠がある」と反論するような論争がね。

――『ブレードランナー』についてのドキュメンタリー映画『デンジャラス・デイズ：メイキング・オブ・ブレードランナー』[5]には、「丸太小屋の中でスープが煮立っていて、そこに主役のデッカードが登場する」というシーンが絵コンテとして出てきます。結局、それは使われなかったのですが、『ブレードランナー２０４９』（以下『２０４９』）では冒頭のシーンで採用されていました。他にも同様に復活したシーンはありますか。

ファンチャー　復活したシーンはこれだけだ。もともとリドリーとの会話で「ポットに入ったスープがバーナーの上で煮立っているのが見える」と彼が言ったときに、私は「それ以上言うな」と言い残して、自宅に戻ってすぐに筆をとった。翌日その部分を彼に見せると「気に入った」と言われたが、どういうわけかそのシーンが映画に入ることはなかった。ずっと後に、『２０４９』に取りかかったとき、まずそこから始めようと思ったんだ。するとうまくいった。

——同じく『デンジャラス・デイズ』で「動物の死に対する考えを知的に表現した」と言っていますが、どういう意味でしょうか。

ファンチャー　そもそもそれがこの映画のテーマであり、伝えたい思いなんだ。動物のいない世界とは我々すべてにとって恐ろしいものだ。その確信があったからこそ、私がやっていることが正しいと思えるようになった。もし動物がいなくなったら、どんな世界になるか想像してほしい。お願いだからみなさん、動物を絶滅させないでほしい。今の世界も十分人工的なのにその状況がいっそう進み、人工馬、人工羊が現れる。このような発想が私にとっては知的な誘《いざな》いだった。信仰に近いものといってもいいだろう。

——同じく『デンジャラス・デイズ』で「リドリー・スコットとデイヴィッド・ピープルズ*6は正しく、私は間違っていた」と言っているが、その真意はどういうものでしょうか。

デイヴィッド・ピープルズは、脚本の書き直しのライターとして招き入れられた人物ですが。

ファンチャー　リドリーとは何度も言い争いになった。そして書き直しについて私がどうしても納得できないことがあって手を引いたから、デイヴィッドが呼ばれたんだ。私はバカだったから、リドリーの要求がうまくいくことに気づかなかった。デイヴィッドが入ってきていい仕事をし、私が間違っていることを証明したんだ。

私はリドリーに負けたことはなかったと思っていた。しかし、自分が勝ったと思っていた言い争いは、実際リドリーからみれば言い争いにもなっていなかった。そして、デイヴィッドが入ってきて私が間違っていることを証明したんだ。でも、今では二人はとてもいい友人だよ。

——何度か論争があったんですね。

ファンチャー　四、五回はケンカになったはずだ。脚本作りは長い過程で、デイヴィッドが来る前にも何度か書き直しをしていたからね。

「シティ・トーク」誕生秘話

——近未来のロサンゼルスでは様々な言語が飛び交っていますが、これは脚本通りでしょうか？

ファンチャー　私のアイデアではない。ガフを演じたエドワード・ジェイムズ・オルモス[*7]のアイデアだ。デイヴィッド・ピープルズはこれを「シティ・トーク」と呼んでいた。素晴らしいアイデアだ。私が考えたのではないが。

——脚本には入っていたのですか。

ファンチャー　いや。脚本には入っていなかったはずだ。最終稿には入っていたかもしれないが。こういうアドリブは撮影現場で何度かあった。リドリーはスペイン語を流暢に話すし、日本語も少し知っていて、アジアっぽい言葉やスペイン語、若干のフランス語を交えることができたから、このアイデアはうまく発展していった。でっち上げのデタラメだけれどね。『２０４９』にもこれがあってほしかったよ。

——『ブレードランナー』にはいくつヴァージョンがあるのでしたか。

ファンチャー　七つだ。

ガフ(エドワード・ジェイムズ・オルモス)に連行されるデッカード(ハリソン・フォード)。『ブレードランナー』より。

――それぞれの違いをどう考えますか。

ファンチャー　最初のヴァージョンのデッカードのヴォイスオーバー(一人称の語り)は、みんなバカげたアイデアだと思ったね。ひどかった。ナレーションがない新しいヴァージョンはすばらしかった。でも今思い起こすと最初のヴァージョンに対してノスタルジックになってしまう。当時は陳腐な手法だと思っても、後から思い出すと感傷的になるものだ。日によって気分が変わるように、いろいろなヴァージョンが好きになることがある。

リドリー・スコットからの電話

――『ブレードランナー2049』についてですが、骨子はいつ頃できましたか。

ファンチャー　二〇一二年頃だったと思う。私は短編小説集の *The Shape of the Final Dog* を出すために作品を書いていたが、本にするためにに出版社からもう一つ作品を書くように言われていた。ここに座ってちょうどその作品を書き終えたときに電話が鳴ったんだ。リドリー・スコットからだった。何年も彼とは話していなかったが、彼らが新しい『ブレードランナー』を求めていることは知っていた。アイデアを求められなかったことで私はいささか気分を害していた。でもまさにそれがお伺いの電話だった。リドリーは「新しい『ブレードランナー』について何かアイデアはないか。今新作に取り組んでいるんだ」と言ってきた。私は「噂は聞いていた。やっと私のところに来てくれたんだ。どうやらアイデアに行き詰まっているようだね」と笑いながら言った。そこで私が書いた最初のパラグラフを読み上げた。彼はロンドンにいたが、それを聞いて「ロンドンに来られるか?」と言ってきた。それで決まりだ。私はロンドンに行って一週間話し合った。私には新しいブレードランナーであるKのアイデアもあった。〝デッカード Deckard〟

の名前から後の部分だけを取って〝カードKard〟と名付けたんだ。

　それから、いったんニューヨークに戻って四〇ページのショート・ヴァージョンを書いた。一カ月くらいかかったと思う。それでまたロンドンに行き、さらに話し合い、次はロサンゼルスに行った。ロスではリドリーの部下やアルコン[8]の関係者と会い、あらゆる点について議論した。毎日、脚本を書いていたよ。ようやく書き上げたものの、それは八〇ページほどの短いものだった。普通は一一〇ページとか一二〇ページとか、もっと長くなる。また、彼らはより多くのアクション・シーンやエピソードを求めていた。だから私が「どうせ他の誰かに書き直しをさせるんだろ」と言うと、「おそらくね」という返事だった。リドリーから感謝の手紙をもらったが、そのあとマイケル・グリーンが書き直しの脚本家として雇われた。

『2049』については秘密主義が貫かれた。マイケルはミーティングに呼ばれ、いろいろ質問をされた後、私がすでに書いた脚本を読みたいか聞かれたそうだ。彼は「イエス」と答え、家に持ち帰って読むつもりでいたが、「隣の部屋で読むように。読み終わったら出てくるように」と言われ、二、三時間閉じこもって読んだという。ここまで秘密主義をとるという話は今まで聞いたことがない。
部屋から出てきた後、感想を聞かれたそうだが、前作でデイヴィッド・ピープルズが私の脚本について「尋問」されたときとよく似ている。マイケルは脚本に関していくつかのポイントについて問われ、満足のいく回答を示したんだ。

『2049』のDNAは前作にある

――『2049』を以前からやりたいと思っていたのでしょうか。それともふっと思いついたのでしょうか。

ファンチャー　前からアイデアはたくさんあった。一つのアイデアから徐々に進化していったと言ったほうがいいだろう。ドゥニ・ヴィルヌーヴが監督として関わってくる前に、リドリーと私は何回も会って話し合った。マイケル・グリーンが入ってきてから、さらに進化した。だから私が最初に書いた脚本は映画とはかなり違うと言っていい。

――今振り返ってみて、『2049』はどれくらい自分の作品でしょうか。

ファンチャー　いいか悪いかは別にして、映画というものは脚本家、監督以外にも舞台装置や衣装デザイナーなど、多くの人がかかわるものだ。この映画の場合はアルコンが深くかかわっている。そういう人たちが結集して創造的な力になり、映画ができる。だからどれくらい自分の作品かと聞かれても、みんながそれぞれの役割を果たしているので、私の分はゼロと言ってもいい。とにかく映画が完成したことが、本当にうれしい。

――『2049』は前作と比べて女性の描かれ方が違うように感じます。また、詩的な要素が減っているようにも感じますが。

ファンチャー 『2049』の方が女性が多く出てくる。最初の映画では女性はレイチェル一人だけだと言っていい。とても詩的な女性で、存在自体が悲劇なんだ。彼女は悲劇的な話し方をする。『2049』に出てくる女性も、基本的にはレイチェルに似ている部分が多い。サブリミナルな類似があるんだ。つまり『2049』のDNAは一作目から来ている。独立した作品だが、一作目の子どもと言っていい。

――共同執筆者のマイケル・グリーンとはどのような共同作業をしましたか。

ファンチャー ゼロだ。かなり後になるまで顔を合わせたことがない。ロスでランチを一緒に食べたりして時間を過ごしたが、とてもすばらしい人物だ。たとえると、彼が頭のい

スピナーとヴィルヌーヴ監督。彼は、前作『ブレードランナー』の世界観を踏襲しながらも、その後のロサンゼルスを見事に表現した。

い校長で、私は学校から追放されるバカな不良だ。我々は全く違う人間なので競争も何もない。言ってみれば、私が改造車で彼はロールスロイスだ。

ドゥニ・ヴィルヌーヴは天才だ

――ドゥニ・ヴィルヌーヴ監督の起用に関してはどう思いましたか。

ファンチャー　ヴィルヌーヴ監督が見つかったときは我を忘れるほどうれしかった。「イエイ！」と叫んだほどだ。彼の起用はアルコンが決めたはずだ。みんなが賛同した。私に発言権があったわけではないが、リドリー・スコットは彼のことをとても気に入っていた。ヴィルヌーヴ監督は天才だ。思いきったことをする本当にユニークな監督だ。『ブレードランナー』はアメリカでは正当な評価を受けなかった。『２０４９』も同じような運命をたどるだろうが、ヴィルヌーヴのおかげでこれからずっとこの映画は生き続けるだろう。

――ヴィルヌーヴ監督に助言を求められた際に、詩を贈ったそうですが、どのような詩だったのですか。なぜ詩なのでしょうか。

ファンチャー　彼が行き詰まったときに電話がかかってきた。「どうやったらうまくいくかわからない」と言ってきた。

　私は「どうせ夢なのだから気にするな。詩みたいなものだ」と言って詩を読み聞かせた。そのときに読んだ詩がこれだ。これは最近亡くなった偉大なアメリカの詩人ロバート・ピンスキー[*9]が書いた「ザ・ロボッツ“The Robots”」というタイトルの詩だ。読んで聞かせよう。

"The Robots"

When they choose to take material form they will resemble
Dragonflies, not machines. Their wings will shimmer.

Like the chorus of Greek drama they will speak
As many, but in the first person singular.

Their colors in the sky will canopy the surface of the earth.
In varying unison and diapason they will dance the forgotten.

Their judgment in its pure accuracy will resemble grace and in
Their circuits the one form of action will be understanding.

Their exquisite sensors will comprehend our very dust
And re-create the best and the worst of us, as though in art.

（訳）

「ザ・ロボッツ」

物質的な形を取ろうと決めるとき、彼らは
トンボに見えるようにする。機械にではなく。彼らの翅《はね》は煌《きら》めく。
ギリシャ劇のコロスのように、彼らは話す
たくさんいるのに、一人称単数で。
空を覆う彼らの色は、地表を覆う。

様々な音程と旋律で、彼らは忘却のダンスを踊る。
まぎれもなく正確な彼らの判断は、優美でもあり
旋回する様は、物わかりがよさそうだ。

彼らの精巧なセンサーは、私たちの塵《ちり》を認識し、
そして、私たちの最良と最悪を再び創り上げる、あたかも芸術のように。

ヴィルヌーヴ監督やマイケル・グリーンは、いい映画にするためすばらしい仕事をしたが、結局、私がやったことは詩みたいなものなんだ。私は脚本を書いたつもりだが、彼らはそれを詩だと言っていた。でも、いい脚本というのは小説というより、凝縮された詩のようなものなんだ。並外れたことをしようとすると、それは詩に近くなってくる。凝縮され、狂気をはらむ。意味をなさないように見えるが、実際は意味をもつ。結局のところ優

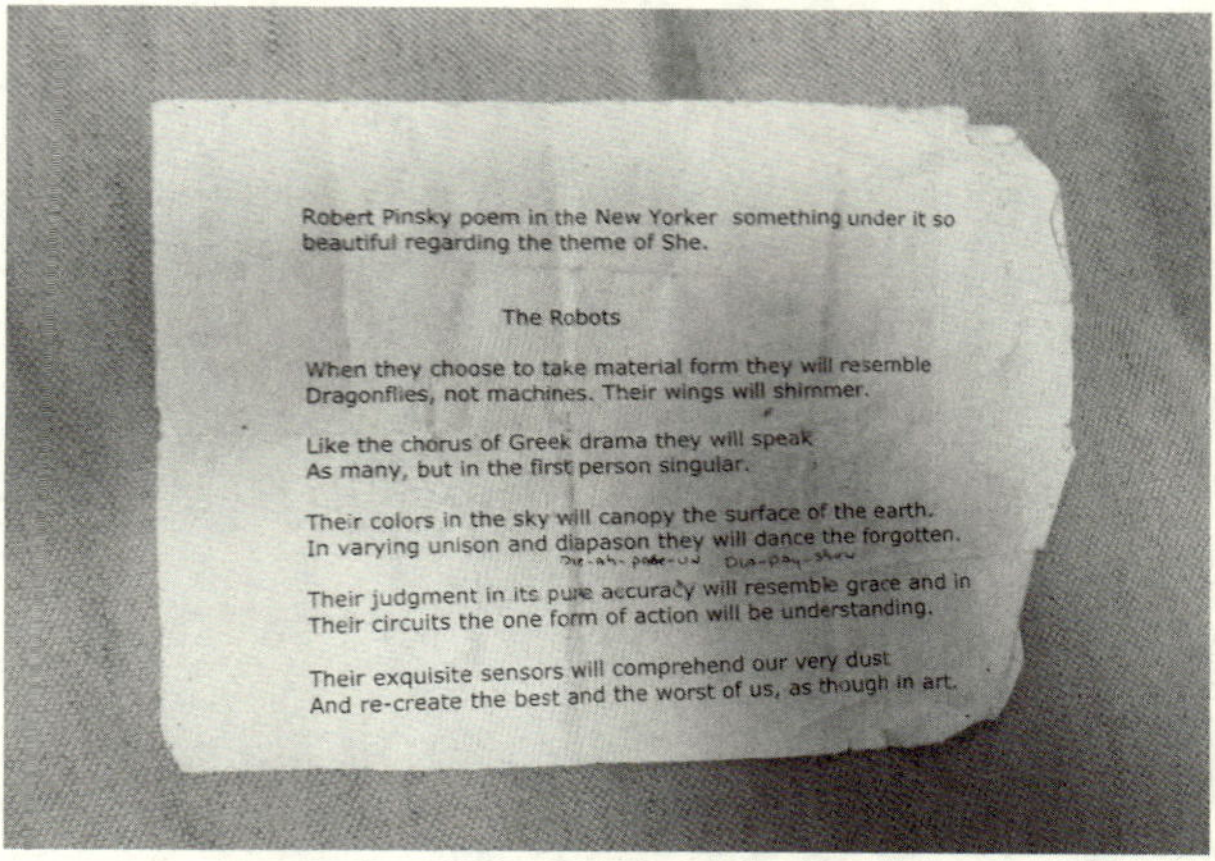
Robert Pinsky poem in the New Yorker something under it so beautiful regarding the theme of She.

The Robots

When they choose to take material form they will resemble
Dragonflies, not machines. Their wings will shimmer.

Like the chorus of Greek drama they will speak
As many, but in the first person singular.

Their colors in the sky will canopy the surface of the earth.
In varying unison and diapason they will dance the forgotten.

Their judgment in its pure accuracy will resemble grace and in
Their circuits the one form of action will be understanding.

Their exquisite sensors will comprehend our very dust
And re-create the best and the worst of us, as though in art.

ファンチャーが手に取り引用した「ザ・ロボッツ」。詩人ロバート・ピンスキーが「ニューヨーカー」誌に発表した。

れた映画というのは詩のようなものだ。

リドリー・スコットは画家だ

――前作と『2049』はどちらが好きですか。

ファンチャー　わからないね。前作は今作と全然違う。前作は『2049』と比べると宝石箱みたいな感じだ。その小さな箱の中には奇妙な昆虫やモノが入っている。『2049』はもっと大きく、複雑だ。

　ヴィルヌーヴはリドリーよりも複雑な人間だ。リドリーが作った映画を見ると、そのほとんどがかなり回りくどいものだ。

リドリーは知性派なんだ。一方で、ヴィルヌーヴは感情で動く人間だ。ハート派と言っていいかもしれない。ハート派であるが、映画の作り方はある意味で知性派である。様々な仕掛けと色分けがしてある。

――リドリー・スコット監督は、過去のインタビューで「アニメーションのような映画を撮りたい」と発言していましたが。

ファンチャー 彼は文字通りの意味で画家なんだ。一九七七年の『デュエリスト／決闘者』[*10]では、馬がヘイワゴン hay wagon（干し草用台車）を飛び越えるシーンがあるが、それはまるでナポレオン時代のフランスだ。ジョゼフ・コンラッド[*11]の短編小説「決闘」（一九〇八年）をもとにして作られた映画だ。リドリーは小説をよみがえらせたんだ。映画はまさにゲインズバラ[*12]の風景画をルーツとしていて、光の当て方や生気の吹き込み方がありきたりではないんだ。

――アニメーションの表現にどのような可能性を感じていますか。

ファンチャー 大きなポテンシャルを感じるね。ただ、『ブレードランナー』をアニメーションにするなら、原作のインスピレーションを感じなければいけない。そして、オリジナリティを生み出さなければならない。もちろんヒントはある。『デュエリスト／決闘者』を作ったときのリドリーがゲインズバラを手本にしたように始めてみればいい。

フィリップ・K・ディックを探して

——ではフィリップ・K・ディックについて教えてください。彼との初めての出会いはどんなものでしたか。

ファンチャー　私は人生で一つだけやりたいことがあった。それは映画の脚本を書くことだった。ただし『ブレードランナー』については映画を作りたかった。だから本当はディックに脚本を書いてほしかった。彼を見つけるのにものすごく苦労した。どこに行ったら会えるかわかる者はだれもいなかったんだ。

探すのをあきらめかけてしばらくたったある日、ビバリーヒルズの通りを歩いていたら私に大声で呼びかけてくる男がいた。一九七五年のことだ。その男が誰か私にはわからなかったが、彼は私と話をしたがっていた。それは作家のレイ・ブラッドベリ[*13]だった。レイは以前、自分が演出している芝居に私を出演させたがっていた。それは宇宙を舞台にした

『白鯨』[*14]だった。私はそのアイデアを気に入って、芝居の稽古に出たんだ。芝居は上演には至らなかったが、私は彼と知り合いになっていた。そのとき、レイだったらディックのことを知っているかもしれないと思いついた。そこで「フィリップ・K・ディックという名前の男を知っているか」と聞いたら、すぐに電話番号を教えてくれたんだ。

さっそく電話して会いにいった。ディックはロサンゼルス近郊のオレンジ郡にある大学で教鞭をとっていた。ディックは私のことを好きじゃなかったと思う。『電気羊』の映画化なんて嫌だったはずだ。彼から『ユービック』（一九六九年）という著書をもらったが、私は気に入らなかった。『電気羊』もあまり好きではなかった。ただ、いい映画になると思っただけなんだ。でもそのときは、何も起こらなかった。

それから数年して、友人であるブライアン・ケリー（『ブレードランナー』のエグゼクティブ・プロデューサー）がプロジェクトを探していたので、ディックに会いにいくように言ってみた。するとブライアンは映画化権が取れたと言ってきた。

私がディックと話したとき、彼はそのオプション（映画化優先権）をフランスの会社に与えていたが、ちょうどその権利の期限が切れていたわけだ。それで運よくブライアンが

1952年のデビューから82年3月2日に亡くなるまで、膨大な数の長編・短編小説を書き続けたフィリップ・K・ディック。

二〇〇〇ドルで取得することができたんだ。ディックはお金が必要だった。それから辣腕プロデューサーであるマイケル・ディーリーのところに話を持っていったが、うまくいかないと拒絶された。いくつかアイデアを出したが、どれもだめだった。最終的には私が脚本を書くしかなかった。それを見せると、今度はいけるとなって、すべてが始まったのだ。
——ご自分のガールフレンドをディックに取られたというのは本当ですか。

ファンチャー　それは噂話だ。私はディックに会いに行くときに、若い女性を二人連れていったが、彼は二人とも気に入ったようだ。一人は映画女優で、もう一人はマーゴーという、とても頭がいい魅力的な女性だった。彼がマーゴーに手紙を書いたことは間違いない。

それはラブレターのようなものだったが、うまくいかなかった。彼は非常に知的で頭がいい男だったが、女性のほうも負けずに頭がよかった。うまくいけばよかったんだが。まあ、ディックはロマンチックな男だったからな。

——ディックは、薬物の影響下にあったと伝えられていますが、実際はどうでしたか。

ファンチャー　我々はみんな薬物の影響下にあったが、ディックは他の人よりも影響を受けていたかも知れない。私の目にはパラノイア（偏執病、妄想症）に見えたが、薬物の影響か、もともとの性格かはわからない。まるで別世界に住んでいるような男だった。話している途中で突然止まって、また話し始めるという変わった人だ。ただ、いろいろなものを超越した、非常に興味深い天才だ。

映画は原作とはまったくの別ものだ

――『２０４９』には、ウラジミール・ナボコフ[*15]の『青白い炎』（一九六二年）からの引用が出てきます。これはあなたのアイデアですか。

ファンチャー　誰かは知らないが、私ではない。私であったらいいなと思う。きっとマイケル・グリーンだ。私はそんなアイデアを思いつくほど頭がよくない。ナボコフは好きだし、『青白い炎』も好きだが相当難しい。でもナボコフのおかげで私はスー・リオン[*16]と結婚できたんだから。彼女とかかわるためにナボコフの『ロリータ』を読んだんだ。

――映画『トータル・リコール』（一九九〇年）の原作「追憶売ります」（一九六六年）や、二〇〇二年に映画化された「マイノリティ・リポート」（一九五六年）などディックの作品はその後読みましたか。

ファンチャー　彼の作品にはあまり興味がない。私が大好きな人たち、考え方を共有する人たちは、ディックの作品が好きだから、私は人生で何か大事なものを見逃しているに違いない。私の考えは平板すぎるのだろう。彼の作品を気に入ったことはない。読んだのは『ユービック』と『電気羊』だけだが、どちらも気に入らなかった。

——また、彼の作品をもとにした映画はどのように思いますか。

ファンチャー　映画は原作とはまったく別のものだ。卵を見ろ。卵とオムレツは似ているか？　似ているところはひとつもない。でもオムレツは卵がないと存在できない。映画とはそういうものだ。卵から本当においしいオムレツを作る。それが映画というものだ。うまくいくときもある。

たとえば、『アラビアのロレンス』（一九六二年）はT・E・ロレンス[*17]が書いた『知恵の七柱』（一九二六年）が原作だが、この原作は聖典のようなもので、死ぬまで読んでも映画にしようとは思わないだろう。原作には理解できないことが多すぎる。

一方で、『黒い罠』（一九五八年）の原作は、間抜けな本だ。ポットボイラー potboiler（営利目的の粗悪な作品）だ。読む気にならない。でもオーソン・ウェルズ[*18]が俳優から何からすべてをうまく料理して、最高傑作にした。『ブレードランナー』でも同じだ。原作は気に入らないが、すばらしい映画になると思った。

——ディックの作品は映画と相性がいいと思いますか。

ファンチャー　わからない。君がそう感じるなら、そうかもしれないね。金儲けが目的でなければ相性がよくなるはずだ。先ほど話したリドリー・スコット監督の『デュエリスト／決闘者』とジョゼフ・コンラッド原作の「決闘」は相性がいい。

――『電気羊』から『ブレードランナー』はかなり違う作品に発展したように思いますが。

ファンチャー　まったく違う。ただ原作の中には、映画にとって非常に重要なことが、いくつかある。一つは「人造人間を破壊するために、探し回る人間」というアイデアだ。フォークト・カンプフ検査[*19]も重要だ。『電気羊』を読んだのは七五年で、そのたった一度きりだ。かなり時間が経っているので間違って覚えているかもしれないが。

――脚本家にとって、原作とはどのようなものですか。

ファンチャー　原作をきちんと読んだとは言えないが、『電気羊』は私の人生を変えたね。感謝の念を禁じ得ない。気に入らなかった原作から、どうやってフィリップ・K・ディックと関わって映画ができたのだろう、と思うくらい自分でも驚いている。奇妙な感じがする。どんなことでも、人生を少しばかり変える可能性がある。君だって、ここに来るのが遅れたら、トラックにはねられていたかもしれない。君の人生が変わらないとすれば、それは変化を起こす何かをしていないからだ。

──『２０４９』の続編はあるのでしょうか？　そのアイデアはありますか？
ファンチャー　考えているものはある。続編と言えるものではないが、別の種類の動物を使おうかな、などとあれこれ考えているところだ。でも、それをやるかどうかもわからない。最初の映画を作ってから、リドリー・スコットと私は二年ごとに会って、また映画を作ろうかとよく話したものだ。
　ところが権利関係がややこしくなっていて前に進まなかった。でもプロデューサーの一人である、シンシア・ヨーキンが『２０４９』の製作を可能にしてくれた。彼女が現れて、権利をクリアして、アルコンやリドリーと話をつけてくれるまでどうすることもできなかった。

俳優として『ブレードランナー』に出演したいか？

──ディックは、一〇分間の映画のラッシュを見て、「私の思っていた通りの世界だ」と賞賛して亡くなったということですが、これについてどう思いますか。
ファンチャー　ディックは私の脚本を気に入らなかった。原作とあまりにも違ったからだ。

ラッシュは私も見たが、ひどかったので自分の名前を削除したかった。ディックが最後にいいことを言ってくれたのはうれしいが、映画はディックにとって馬鹿げたものに見えたかもしれない。残念ながら、彼は映画全体を見ることなくして、亡くなってしまった。

——あなたは俳優としても相当のキャリアをお持ちですが、『ブレードランナー』シリーズに出演してみたいとは思いませんか。

ファンチャー　出演したいと思うことはない。自慢の作品ではあるが、そこに自分が入ることは考えられない。節操がない感じがする。

——『２０４９』のほうにどうしても出てくれと言われていたら、どの役を演じたかったと思いますか。

ファンチャー　今まで考えたこともないが、通りでゴミ箱をあさっている男だね。

——前作ではいかがですか。

ファンチャー　考えたこともない。こんな質問をされたこともない。私が入る余地はないと思う。脚本を書いているときは、オルモスのやったガフの役をやることを想定してみた。実地にやってみることで、台詞が出てくるんだ。実際にカメラの前でやるとすると、出演した俳優たちほどうまくない。映画を見た人だったら、私に無理なことはわかるだろう。演技は非常に難しいし、おそろしい。書く方がはるかに簡単だ。もちろん書くことも決して簡単ではないが。演技というのは自意識から解放されて、しかも瞬時に自分がやろうとしていることを意識しなければならない。それはあまりにも難しすぎる。本当に優秀な人間でないと無理なんだ。

インタビュー＝大野和基

＊1　フィリップ・K・ディック（一九二八〜一九八二年）…作家。シカゴ生まれ。生後すぐにカリフォルニアに転居。カリフォルニア大学バークレイ校中退。SF雑誌に小説を書き始める。一九六三年に『高い城の男』でヒューゴー賞を受賞。『ユービック』（一九六九年）、『ヴァリス』（一九八一年）など多数の代表作がある。「マイノリティ・リポート」（一九五六年／短編）など映画化、テレビ化されている作品も多い。SFというジャンルを中心に、現実の脆さ、アイデンティティの危うさ、権力への懐疑などをテーマに精力的に執筆した。

＊2　フィルム・ノワール…一九四〇〜五〇年代に主にアメリカで製作された犯罪映画・ハードボイル

ド映画を指す。退廃的・虚無的な作風をもつ『マルタの鷹』（一九四一年）、『三つ数えろ』（一九四六年）、『現金に体を張れ』（一九五六年）などが代表的な作品として知られる。film noir とはフランス語で、「黒い映画」の意。フランスの映画評論家ニーノ・フランクが最初に使ったといわれている。

＊3　ロバート・ミッチャム（一九一七〜一九九七年）…俳優。アメリカ・コネティカット州出身。一九三〇年代後半から俳優としてのキャリアをスタート。『十字砲火』『過去を逃れて』（共に一九四七年）、『狩人の夜』（一九五五年）などの主演を務め、フィルム・ノワールを代表する俳優のひとり。一九七〇年にはデイヴィッド・リーン監督の『ライアンの娘』にも主演するなど、晩年まで多数の作品に出演。

＊4　ロバート・マリガン（一九二五〜二〇〇八年）…監督・プロデューサー。ニューヨーク市生まれ。海兵隊の一員として第二次世界大戦に従軍。戦後、ニューヨークタイムズ紙を経て、CBSテレビに入社。初期のテレビドラマの演出を多数担当。一九五〇年代後半から映画の世界にも進出。『アラバマ物語』（一九六二年）、『おもいでの夏』（一九七〇年）などの監督作品がある。

＊5　『デンジャラス・デイズ：メイキング・オブ・ブレードランナー』…二〇〇七年に発表された『ブレードランナー』の全貌にせまった決定版ドキュメンタリー。リドリー・スコット、ハンプト

ン・ファンチャーなどの制作陣、ハリソン・フォード、ルトガー・ハウアー、ダリル・ハンナなどの俳優陣のほか、フィリップ・K・ディックの娘、ポール・M・サモンなども登場。映画の背景について率直に語る。「デンジャラス・デイズ」は『ブレードランナー』の仮タイトルのひとつでもある。『ブレードランナー　アルティメット・コレクターズ・エディション』などに収録されている。

＊6　デイヴィッド・ピープルズ…脚本家。一九四〇年、アメリカ・コネティカット州生まれ。ファンチャーの降板を受けて、『ブレードランナー』の脚本を受け継ぎ完成させた。他に『靴をなくした天使』『許されざる者』（共に一九九二年）などの脚本を担当している。

＊7　エドワード・ジェイムズ・オルモス…俳優。一九四七年、ロサンゼルス生まれ。メキシコ移民の父をもち、チカーノ（メキシコ系アメリカン人）の役で多くの映画・テレビに出演してきた。『アメリカン・ミー』（一九九二年）では、監督・主演を務めている。深作欣二監督の『復活の日』にも南極観測隊の一員として出演している。

＊8　アルコン・エンターテインメント…一九九七年に映画プロデューサーのブロデリック・ジョンソンとアンドリュー・コソーヴが、フェデックスの支援を受けて設立した映画製作会社。本社をロサンゼルスに置く。ワーナー・ブラザーズと配給契約を結び、現在まで『マイ・ドッグ・

スキップ』（二〇〇〇年）、『プリズナーズ』（二〇一三年／ドゥニ・ヴィルヌーヴ監督）などの作品を製作してきた。ちなみに、日本での『2049』の配給はワーナーではなく、ソニー・ピクチャーズが行っている。

＊9　ロバート・ピンスキー…詩人、批評家。一九四〇年、アメリカ・ニュージャージー州生まれ。一九九七〜二〇〇〇年にアメリカ桂冠詩人を務める。現在、ボストン大学教授として詩作の指導も行う。ダンテの『神曲』の英訳でも知られる。

＊10　『デュエリスト／決闘者』…リドリー・スコットの監督デビュー作。キース・キャラダイン、ハーヴェイ・カイテル主演。一九世紀前半のフランスが舞台。決闘に取り憑かれた男と、彼に挑まれる男の人間関係を描く。原作は、ジョゼフ・コンラッドの短編「決闘」。

＊11　ジョゼフ・コンラッド（一八五七〜一九二四年）…作家。没落したポーランド貴族の息子としてロシア帝国領のキエフに生まれる。幼くして両親と死別。一六歳で船員になり、世界各地を航海する。一八八六年イギリスに帰化し、英語で執筆をはじめる。英国船の船員時代にベルギー領コンゴを訪れたときの経験をもとにした『闇の奥』（一八九九年）、同じ語り手マーロウが登場する『ロード・ジム』（一九〇〇年）など、文明社会から隔絶された極限での人間模様を描く。『闇の奥』は『地獄の黙示録』（一九七九年）として映画化された。

＊12 トーマス・ゲインズバラ（一七二七〜一七八八年）…画家。イギリス・サフォーク州生まれ。生活のために描いた肖像画で名声を博し、イギリスを代表する画家となる。淡い色彩と繊細かつ優雅な筆さばきによる風景画も後世に多大な影響を与えた。製図工、ロイヤル・アカデミーの創設メンバーとしても知られる。

＊13 レイ・ブラッドベリ（一九二〇〜二〇一二年）…作家、詩人。アメリカ・イリノイ州生まれ。一〇代より創作活動をはじめ一九四七年、短編「発電所」でO・ヘンリー賞を受賞。SF小説『火星年代記』（一九五〇年）、ディストピア小説『華氏451度』などで、アメリカを代表する作家としての地位を確立。ジョン・ヒューストン監督の映画『白鯨』の脚本も執筆している。

＊14 『白鯨』…アメリカの作家ハーマン・メルヴィルが一八五一年に発表した長編小説。白いマッコウクジラ「モビィ・ディック」をめぐって、それを追いかける捕鯨船の船長エイハブと乗組員たちの人間ドラマが語り手の船員イシュメイルの視点から描かれる。これまでに何度も映画化、テレビ化されている。

＊15 ウラジミール・ナボコフ（一八九九〜一九七七年）…帝政ロシア時代のサンクトペテルブルクで裕福な貴族の長男として生まれる。ロシア革命後の一九一九年イギリスに移住し、ケンブリッジ大学で学ぶ。ベルリン、パリなどの生活を経てアメリカに移住。英語で執筆活動を開始。一九

五五年に出版された『ロリータ』で作家としての地位を確立。九九九行の詩とそれに付された注釈からなる『青白い炎』(一九六二年)など、ロシア語、英語で多数の作品を執筆した。一九六二年にスイスに移住し、その地で没した。

＊16 スー・リオン…女優。一九四六年、アイオワ州生まれ。一四歳のとき、スタンリー・キューブリック監督の『ロリータ』のドロレス・ヘイズ役に抜擢される(映画撮影時は一五歳)。この役で彼女はゴールデン・グローブ賞最優秀新人女優賞を受賞。六四年、一七歳でハンプトン・ファンチャーと結婚するが、六五年に離婚。ジョン・ヒューストン監督の『イグアナの夜』(一九六四年)などに出演するが、現在は引退状態。五度結婚するが、すべて離婚している。

＊17 T・E・ロレンス(一八八八〜一九三五年)…軍人、考古学者。イギリス貴族の非嫡出子としてウェールズに生まれる。オックスフォード大学卒業。中東で考古学の研究・調査に従事。第一次世界大戦で招集され、得意のアラビア語を駆使し情報将校として活躍。ゲリラ戦略を用い、イギリスの敵だったオスマン帝国へのアラブ人の反乱を支援した。オートバイ事故で死去。享年四六。ちなみに、英・仏はサイクス・ピコ協定(一九一六年)などを結び、アラブ人の独立を認める意思はなかったことが明らかになっている。

＊18 オーソン・ウェルズ(一九一五〜一九八五年)…俳優、監督、脚本家。アメリカ・ウィスコンシ

ン州生まれ。一〇代から演劇活動をはじめ、一九三一年、ヨーロッパ旅行中にアイルランドのダブリンにあるゲート劇場で舞台デビューを果たす。帰国後、舞台、ラジオドラマで大活躍。H・G・ウェルズ原作で、一九三八年に自ら演出・翻案・主演したラジオドラマ『宇宙戦争』は、ドキュメンタリー・スタイルで〝火星人襲来〟を全米に伝え、パニックを引き起こす。ハリウッドにも進出し、自らが監督・脚本・主演した、傑作『市民ケーン』（一九四一年）を製作するが、興行的に失敗する。一九四九年のイギリス映画『第三の男』にはハリー・ライム役で出演している。

＊19 フォークト・カンプフ検査…人間とレプリカントを識別するための感情移入度検査法。試験者は、感情を刺激する質問を投げかけ、被験者の呼吸、心拍数、目の動きなどを測定し、感情移入の度合いを測る。レプリカントは感情移入能力が欠けているため、度合いが低ければレプリカントであると判別される。『ブレードランナー』の冒頭などで印象的に登場する。

第二章　マイケル・グリーン

マイケル・グリーン

脚本家。アメリカ・ニューヨーク州生まれ。スタンフォード大学卒業。ケーブルテレビ局勤務を経て、テレビの脚本家として『セックス&ザ・シティ』『HEROES』などのエピソードを担当。映画の分野にも進出し、『エイリアン:コヴェナント』の原案や『オリエント急行殺人事件』(共に2017年)などの脚本を担当している。

三〇数年の空白を経て製作された『ブレードランナー２０４９』。原案と脚本は再びハンプトン・ファンチャーが担当するが、前作と同様に、共同脚本家として招き入れられたのがマイケル・グリーンだ。彼は、オリジナル『ブレードランナー』そして、リドリー・スコットたち先人に深い敬意を払いつつ、ファンチャーの「詩のような脚本」に卓越したヴィジョンを付与した。『２０４９』を作ったもう一人の男が語る別の真実とは？

『２０４９』のエンディングは脚本通りだ

――『ブレードランナー』には様々なヴァージョンがありますが、どれが最も好きですか。その理由も教えてください。

グリーン　複数のヴァージョンの中には、確かに好きなヴァージョンがありますが、脚本家としてみると、どれが好きであるかは重要ではないと思います。この映画の続編がどんなものになるのであれ、複数のヴァージョンの存在を認めることが必要でした。その上でストーリーを展開させるために働く心理を理解しなければなりませんでした。さらに、自分が見ているヴァージョンが正しく、本物であるという確信は決してもてないということを受け入れる――それが『ブレードランナー』を楽しむ第一歩だということも認識しなければなりません。

観客の立場としてみると、「ファイナル・カット」(二〇〇七年)が最も好きです。『ブレードランナー』を最初に見たとき、ヴォイスオーヴァーが入っていなかったのですから。おもしろいことに、『2049』を監督したドゥニ・ヴィルヌーヴは、最初ヴォイスオーヴァー・ヴァージョンを気に入っていました。ヴォイスオーヴァーのことで彼と議論したのは楽しかったです。この問題に正解はありませんから。

――『2049』のエンディングは決定していましたか。撮影中に映画の結末が変わったということはありませんか。

グリーン 結末が変わることはありませんでした。映画に出てくる結末は脚本にある結末と同じで、丹念に練られたものです。実際のところ、この映画の脚本を構築していくにあたって、結末は最初に考えたものの一つです。結末を先にプロデューサーたちにプレゼンして、彼らが気に入ったことを確認しました。こういう結末になる映画を作れば、何か特別なものを作ったという思いになることはわかっていました。主人公の感情が完結するのですから。あなたは『２０４９』の結末が撮影の過程で変わったと考えていたのでしょうか。

――違います。結末を教えられていない俳優もいたのかと思ったのです。

グリーン　俳優たちは結末を教えられていました。この映画を作っている者の間には秘密はありませんでした。俳優たちはどういう結末に向かって自分が動いているのか知っておかなければなりません。

デッカードは人間でもありレプリカントでもある

――では映画の中で、どのキャラクターが一番好きですか。

グリーン　デッカードですね。デッカード役のハリソン・フォードですが、彼は何をしていても、一日中眺めていられるほど魅力があります。朝シリアルを食べているところを見ても、惹かれるでしょうね。

——デッカードは人間でしょうか、レプリカントでしょうか。

グリーン　公開からこれほど時間が経ってもその質問をされるという事実は、我々が何か立派なことを成し遂げたということですね（笑）。その質問が重要であり、その質問に対する答えが重要だから、みんなが『ブレードランナー』についての議論を繰り返すわけです。脚本家としての私の仕事は、どちらの答えにも支持する証拠があり、否定するものは何もないように工夫することでした。つまり正解はないということです。そういう意味で、半分冗談ですが、デッカードは「シュレーディンガーの猫」[*1]であるということです。「シュレーディンガーの猫」は生きているし、死んでもいる。「シュレーディンガーの猫」と同じように、デッカードは人間でもあるし、レプリカントでもあるのです。

——映画の製作に関わった人たちの中でも意見が大きく割れているようですが、それはなぜでしょうか。

グリーン　それは偶然でもあり、意図的でもあります。『ブレードランナー』の伝説の中心的な話題は、デッカードは人間であるのか、レプリカントであるのかということにかなり集中していました。それは、自分は正しいヴァージョンを見ているのかどうか、という問いにも通じるものです。あるヴァージョンは「デッカードはレプリカントである」という回答を出し、別のヴァージョンはそれを否定しています。『ブレードランナー』の監督であるリドリー・スコットは「レプリカントだ」という自分の考えを明らかにしています。でもだからといって彼が正しいことにはなりません。こういう議論は、いわゆる作家の意図についての古くからある議論です。作家あるいは映画製作者が意図することは重要か否《いな》か、という問いです。『ブレードランナー』の中にある答えは「イエス」でもあり「ノー」でもあります。

アメリカ人の観客は時に不確定なことについてはかなり難色を示しますが、外国人の観客の多くは映画を見たあと、真実が何かということがわからなくても別に気にしないことが多いですね。『ブレードランナー』の伝説は、この映画がはっきりとした答えを提示しないので、アメリカ人の観客を不愉快にさせたということです。この映画を受け入れ、何度も見た人たちは、緩んだ歯を小刻みに揺り動かしているような気持ちになるのです。さあさくれを引き抜こうとしている感じといってもいいでしょう。はじめは少しチクッと痛いけれども、そのあとはいい気持ちになってくる、というような感じです。映画を見ても答

『ブレードランナー』で、デッカードを演じるハリソン・フォード。撮影時39歳だった。

えがわからないということもこの映画の醍醐味の一つなのです。

『２０４９』での自分の仕事は、デッカードが人間であるのかないのか、という問いに対する答えを出さないことであると直感的に理解しました。答えを出すのはバカげています。多くの人に答えを出すようにせっつかれますが、そういうときは「ミディクロリアンズ」[*2]と一言言うだけです。これを言うと「それだけで十分。それ以上聞こうとは思わない」という人もいます。

——『２０４９』の続編はあると思

いますか。もしかしたら予定はすでにありますか。

グリーン　その質問については答えるべきではないと思います（笑）。でも『ブレードランナー』の世界を拡大させる計画があることは言っておきましょう。

『電気羊』は我々の基準ではない

――フィリップ・K・ディックの『アンドロイドは電気羊の夢を見るか？』（以下『電気羊』）を読む機会はありましたか。

グリーン　『電気羊』を読み通す機会は何千回と与えられました。私はサイエンスフィクションの大ファンですが、この作品は好きではありません。私にとって『2049』の原本は、オリジナルの『ブレードランナー』であって、フィリップ・K・ディックの作品ではありません。『電気羊』は知的ですばらしい本であり、際限なく興味をそそるもので、大ファンがたくさんいるのは知っています。でもそれは我々がやろうとしていたことの基準にはなりません。あまりにも違うからです。オリジナルの映画は意図的にこの本から逸脱し、まったく違う種類のものだと思えるほどです。

こういう話を聞いてがっかりする人がいることはわかっています。先日、フィリップ・K・ディック協会の会員や役員に直接会いました。彼らはディックの作品を守り、伝えていくことに全人生を捧げています。そのとき私は協会の人たちに「今回の脚本について、気分を害されるのではないかと危惧している」と直接言いました。しかし、我々が元の作品をまともに取り入れようとしなかったにもかかわらず、彼らは『２０４９』を気に入って、原作の理解の範囲内にうまく収まっていると言ってくれました。

――『トータル・リコール』の原作「追憶売ります」など、他の作品を読む機会はありましたか。

グリーン　私の読書体験には多くの穴がありますが、その一つがディックです。何作かは読みましたが、どう考えても私は彼の作品の完全読破主義者ではありません。

アーノルド・シュワルツェネッガー主演の映画『トータル・リコール』は何度も見ていますが、とても気に入っています。でも、原作を読んだことはありません。

――ディックの作品はどう評価しますか。

グリーン　これだけは言えます。彼の作品は、知的で円熟の域に達していると。でも映画

『ブレードランナー』ほどは私の心に訴えかけません。『ブレードランナー』は美しくて脳裏に刻み付けられるだけでなく、胸にしみるものです。ディックの作品は、現実離れして魅力的なものですが、私の感情には訴えないのです。脚本家として参加した『2049』で目指したのは、見た人に必ず何かを感じてもらう、ということでした。それはサイエンスフィクションを考えるときに、ほとんどの人が思うようなことではありません。ですが、最良のサイエンスフィクションというのは感情的な基盤をもつものであり、その基盤は観客がビジュアル的に受ける印象よりも重要だと私は考えます。

SFの悪党がロール・モデルになるとき

――現在AIは世界を席巻していますが、『ブレードランナー』はその世界を予言してきたと思いますか。

グリーン　AIについては多くの映画がありますが、どの映画が最もうまくAIを予測したかについては、答えは一つではありません。『2001年宇宙の旅』[*3]（一九六八年）かもしれないし、『エクス・マキナ』[*4]（二〇一五年）や『ブレードランナー』かもしれません。

物語としては常に涙に終わるように思えますが、みんながハッピーになって終わるAIサイエンスフィクションは非常に少ないですね。

――AIは今、大きな注目を集め、生活に大きな影響を与え始めています。人々はAIについて懸念と期待の両方をもっていますが、それについてどう思いますか？

グリーン　私は最近ユヴァル・ノア・ハラリの『ホモ・デウス』（二〇一七年）を読みましたが、私がどれほど頑張ってもこの本よりもうまく言えません。自分の頭で考えるよりもはるかに知的な内容でした。私がどう説明しても、ハラリが指摘したポイントよりも説得力が足りなく聞こえるオウム返しになってしまうでしょう。今私は、その本を読む前に考えていたことと読んだあとに思っていることとの間で葛藤しているところで、これからはハラリの意見に従ったほうがいいように思えています。彼のほうがポイントをつくのがうまいわけですから。

――レプリカントの奴隷的な描かれ方は、現代のアメリカ、ひいては世界状況を風刺しているように見えます。奴隷としてレプリカントを製造するという行為はGMフード（遺伝子組み換え食品）など、世界を救うという大義や美名のもとに、政治経済支配をすすめているグローバル社会の象徴にも感じられますが、いかがでしょうか。

グリーン　私が言うべきことはすべて、作品の中にあると思います。利益を得るために新しいものを作り、それが利他的な行為だと思いたがっているが、実際はそれとは反対である起業家や会社は確かに存在しています。ハイテクやシリコンバレーの世界では、映画に登場するエルドン・タイレルやニアンダー・ウォレス、アイザック・アシモフ[*5]の『ファウンデーション』に出てくるハリ・セルダンのように、自分のことを一万年先まで考えることができるほどの知性がある人間だと勘違いしているような人がたくさんいます。

でも往々にして、彼らの実態はそんな天才ではありませんし、その振りをしているだけです。信じられないほどモラルに反するビジネス慣行を正当化するために、そのようなサイエンスフィクションに登場するキャラクターを真似て、「私は予言者である。一〇〇年先まで見通せる」とうそぶいているのです。サイエンスフィクションに登場する悪者が、偶然にも、グローバルな影響を及ぼす決断をしている産業界の大立者のロール・モデルになるという、マイナスの副作用が実際に起きていると思います。

『ウォール街』のスピーチの恐ろしさ

——ハリウッドの映画が現実社会に影響を与えるというのは驚かされますね。

グリーン　似ている例を二つ挙げましょう。オリバー・ストーン[*6]の映画『ウォール街』（一九八七年）にゴードン・ゲッコーというとんでもない人物が出てきます。悪党の彼は、自らが乗っ取りを企てているテルダー製紙という会社の株主総会で、「強欲greed」がどれほどすばらしいか、スピーチをします。

……私は企業の壊し屋ではない。解放者なのです。肝心なことは、みなさん、適切な言葉ではないかもしれませんが、強欲は善なのです。強欲は正しいのです。強欲はうまくいくのです。強欲は物事を明確にし、進取の気性をかき立てるものです。強欲にはいろいろな形があります。生命欲、金銭欲、愛欲、知識欲、これらの欲は人類の発展をもたらしました。強欲は、テルダー製紙のみならず、USAという株式会社をも救うことになるでしょう。ありがとう。

このスピーチが実際のウォール街の人たちによって、良い内容のものとしてよく引用されるようになっているわけですが、皮肉なことに、彼らはゲッコーが映画の中で悪党であること、そしてこのスピーチが彼の悪性を象徴するものであることを完全に忘れています。

同様に、デイヴィッド・マメット[*7]は、『グレンギャリー・グレン・ロス』という自分の演劇作品が映画化されるにあたり（邦題『摩天楼を夢みて』一九九二年）、アレック・ボールドウィンが演じたブレークという人物を新たに設定しました。彼は「成功することがどれほど重要か」「成功しなければどれほど弱い人間と見なされるか」「我々は勝つためにここにいるんだ」という、情けないほど悪意に満ちたスピーチをしました。

実際のところ彼がこの映画のために書いた最も有名なスピーチは、原作の戯曲にはありません。舞台ヴァージョンを見た人は、映画に出てきたそのスピーチが気に入っていたのに舞台ではなかったと文句を言っていたようです。みんな、まるで英雄によるスピーチを聞きたがっているようでしたが、実際そのスピーチは、陰湿でモラルに反する大企業家になることを肯定するものでした。

もちろん、マメットが実際に言いたかったことはそうではなく、ビジネスで成功するためなら、何が正しいかにかかわらずどこまで徹底的にやれるかが問題だ、ということを明らかにして観客に問いたかったのです。少し話がそれましたが、これは先ほどの話と関連すると思います。

レプリカントの人間性

――レプリカントはある意味、人間以上に人間的だと思いますが。

グリーン　それこそまさにレプリカントが意味したものです。人間以上に人間であることです。もしあなたがそう思うのなら、レプリカントの製作者エルドン・タイレルやニアンダー・ウォレスの思った通りになったということですね。

――あなたにとって「人間であるための条件」とは何ですか。

グリーン　最高の映画というのはそういう問いを投げかけるものです。「ヒューマニティhumanity」（人間であること）について語るとき、文字通りの意味である場合もあります。「人間に生まれる」というときのように従来の意味での人間という意味です。

でもヒューマニティが直感的に、すべての生命に対する一定のレベルでの道徳心、共感、

「生まれた」ばかりの女性型レプリカント。ニアンダー・ウォレス率いるウォレス社が製作したネクサス9型レプリカントだ。

同情を意味するときもあります。道路を横切っているミミズのような虫を見た子どもが、それが日光に当たって干からびたり、誰かに踏まれたりする前に、無事渡れるように助けてあげるのをみると、それをとても「人間味のある human」行為だと我々は言います。

また、人間の子どもがそのミミズを踏んでしまったとき、レプリカントがそれを助けて、草の中に戻してあげるのをみれば、我々は「その二流の生物（レプリカント）が誰であろうと、確かに人間性にあふれている」と言うかもしれません。しかしそれは、厳格な意味で「人間」であるというのと同じではありません。「人間とは何か」という問いは、一人の作家や作品ではなく、このテーマについて書いているすべての作家に委ねられていると言っても過言ではないでしょう。

『ブレードランナー』と文学

――『2049』の世界観を作るのに参考にしたり、影響を受けた映画、絵画、コミックスなどのヴィジュアルイメージはありますか。

グリーン 答えは「イエス」ですが、教えられません（笑）。読んだものから、様々な影響を受けることがあると思いますが、それに似ています。かなり個人的な話になってきます。

――でも脚本では明らかな言及もありますね。

グリーン おそらく三つあると思います。文学への言及で言うと、ジョン・ミルトンの『失楽園』（一六六七年）からは直接的な引用があります。もちろんウラジミール・ナボコフの『青白い炎』も出てきます。これらの作品は特定のテーマを求めて参考にしたものです。リドリー・スコットは『失楽園』をよく持ち出していました。デッカードという人物像を作り上げるにあたって『宝島』（一八八三年）も参考にしています。これは明白に言及されています。それと『ロビンソン・クルーソー』（一七一九年）にも少し触れています。

『ブレードランナー』は進化する作品だ

――脚本執筆に関してファンチャーとの役割分担はどのようにしたのでしょうか。お二人のどちらがディテールを担当したのですか。

グリーン　それを説明するのは非常に難しいです。映画ができるまでファンチャーには会ったことはありませんでした。ファンチャーはリドリー・スコットとの話し合いにかなりの時間を費やし、我々が「トリートメント」と呼ぶものをまず書きました。トリートメントとは映画やテレビドラマの製作で、主要場面の構成やカメラ位置などの概略をまとめたものです。粗筋がより詳しく書かれていますが、完全な脚本ではありません。

それから、私は彼が書いた脚本を与えられて読むように言われました。もちろん、それをどのように脚色するかということが前提にありました。

それはすばらしい経験でした。そこには、とても興味深い一連のツールとパラメーター

（制限）があったのですが、一方で、それを使って自由に創造してもいいのですから。フアンチャーが最初に考えてくれた、映画の重要な要素となる部分がありますが、それについてはとても感謝しています。同時に私の想像から出てきた要素もあります。またリドリー・スコットの想像から出てきた要素や、ドゥニ・ヴィルヌーヴの想像から出てきたものもたくさんあります。

映画とはどのような規模であっても、何十もの想像が重なり合い、それに基づいて何千という決断がなされ、そして、それらすべての総計で成り立っています。『ブレードランナー』ほどの規模の映画は、さらにそれが大きな規模で行われているのではないでしょうか。何百という想像に基づき、何十万という決断がなされています。つまり、「これは私が一人ですべてを想像したもので、それに基づいた決断です」と言えるようなものがあるのかは疑問です。

どの決断も最初に誰かが提案して、他の誰かがそれを進化させたものです。「アイデアの進化 evolution of ideas」は、リドリー・スコットが自分のやり方を説明するのによく使った言葉です。それなりの理由があってスコットはその言い方を使っています。『ブレー

ライアン・ゴズリング。彼は孤独なレプリカントのKを静かに、ときには激しく演じた。

ドランナー』の世界は、すべてが進化のプロセスです。新しい「種」を作るにしても映画そのものを作るにしても、進化のプロセスです。映画製作そのものが、映画のテーマに反映されるという、稀有な映画です。

Kのキャラクターはライアン・ゴズリングしかいない

——今回、キャスティングには関わりましたか？　ドゥニ・ヴィルヌーヴがすべてのキャスティングをしたのでしょうか。

グリーン　ほとんど彼がアルコンと組

んでやりましたが、彼らはとても親切で私にもきちんと情報を伝え続けてくれ、意見を求めてきました。実際にキャスティングする前にどういう俳優がいいか、誰がその役に理想的か、という話し合いも行いました。この映画はKの役としてライアン・ゴズリングを念頭に置いて書かれたと言えます。

のちにファンチャーと会ったときに、ゴズリングの起用は彼のアイデアでもあると教えられました。ファンチャーは、ゴズリングが出てくる映画の夢を見始めたというのです。私もまったく別の脚本を書いているとき同じアイデアが浮かびました。実際私はそのことを直接ライアン・ゴズリングに言いましたが、彼はそれをどう理解していいのかわからないようでした。しかし彼は、この映画は自分のために書かれたと聞いて、少なからずうれしかったと思います。

――自分で創造したキャラクターは誰ですか。特にジョイ、ラヴのキャラクターは非常に現代的で興味深いと思います。

グリーン　繰り返しますが、映画の世界では、どんなキャラクターを創造したとしても、個人の手柄にすることはできません。ジョイのキャラクターは脚本に書かれていますが、

Kの恋人ジョイ。彼女はホログラム（立体映像）で、Kが起動させることで現れる。演じるのはキューバ出身の女優、アナ・デ・アルマス。

女優アナ・デ・アルマス自身の演技によって作られたといってもいいでしょう。ドゥニ・ヴィルヌーヴの演出によってインスパイアされたものでもあります。それがあってこそ彼女がその役にふさわしく演じ切ることができたのです。ですから、誰か一人によってそのキャラクターが作り上げられたというのはフェアではないと思います。彼女は確かに脳裏に焼き付くような人物像を創り出し、見事に演じきりました。とても心打たれる役です。

キャストと築き上げていく映画

――『2049』についてのドキュメンタリーを見ましたが、俳優たちが様々な解釈を施しています。脚本には、俳優たちにどれくらい解釈の余地が残されているのでしょうか。

グリーン　映画によって異なります。映画は監督の表現媒体であり、監督の中にはどのように進めていくか、かなりきめ細かい人もいますし、俳優たちとやっていく上ではるかにオープンな人もいます。

この映画でドゥニ・ヴィルヌーヴは、ありとあらゆる面で俳優たちとともに模索しながらやっていました。彼は「おれの言うことがいやなら辞めちまえ」と言うようなタイプの監督ではありません。自分の思い通りになるまで怒声を上げるようなタイプの監督ではありません。彼はとても温和な性格で、思慮深い監督です。キャストと一緒に築き上げながら自分のやりたい方向にもっていくタイプです。彼が俳優の一人一人と力を合わせながら、単に脚本に書かれていることだけをやるのではなく、事前に誰もが期待していたよりも大きなものを成し遂げていくのをみるのは刺激的でした。

――キャラクターの名前を作るのも一人の人間ではなく、いろいろな人のアイデアということですか？

グリーン　そうです。登場人物の名前は、様々な人によって付けられました。

――Kはどうでしょう。あなたがKと名付けたのでしたら、それはフランツ・カフカの[8]『城』（一九二六年）の主人公であるKから取ったのでしょうか。あるいはフィリップ・K・ディックのKから取ったのでしょうか。

グリーン　それは答えるべき質問ではないと思います。作家がこれです、と言うものではありません。それは観客が想像することです。もしあなたがそこにカフカの『城』を見たのならそれはうれしいほめ言葉です。フィリップ・K・ディックへのほのめかしを見たのなら、それはそれで気の利いたすばらしいことです。そこには正しいとか間違っているというような回答はありえません。それは映画を見たあなたの経験だけで判断するものです。

――文学みたいですね。読者の解釈によるという点で。

グリーン　その通りです。

――Kには子ども時代の木彫りの馬の思い出があり、実際に木彫りの馬を手に入れます。

グリーン　確かにKにはその思い出がありますね。

――『ブレードランナー ファイナル・カット』ではデッカードがユニコーンを夢想します。木彫りの馬とユニコーンは、どちらもまずイメージとして登場し、どちらも馬に似ているが本物の馬ではないところに何か意味があるのでしょうか。

グリーン そうです。意図的にそのようにしたと言ってほぼ間違いはないと思います。

ファンチャーがこの世に存在するのは驚きだ

――ハンプトン・ファンチャーはどのような存在ですか。

グリーン すばらしい人です。彼に会ったのは映画の撮影がすべて終わったあとです。ロサンゼルスに帰って普段の生活に戻ってから、ファンチャーと会わないままでいるのは怠慢であると感じていたので、会うことにしたのです。コーヒーを飲みながら一時間くらいどうかと言ったら、気づいてみると三時間経っていました。座ってコーヒーを飲みながら話していただけですが、半分くらい時間が経過した頃、彼は私の大好きなタイプの人間だと気づきました。彼と知り合いになれて本当にうれしかったです。つい最近もニューヨークに行ったときに、彼の家にお邪魔して挨拶してきました。

ファンチャーは興味深い人生を送ってきた魅力ある人です。とても馬が合いました。文学、歴史、アート、バカげたことなど何でも話せます。本当に楽しいです。なかなかこういう人はいません。そういう人間を想像上でも作ることはできません。もし彼のことを人に説明したら、でっち上げていると思われるでしょうね。でも彼は実在する人間です。信じられない人生を送ってきた彼のような人がこの世に存在すること自体が驚きです。私が彼に何かを言うとそれに五つ追加して話が返ってきます。しかも身の毛がよだつような話です。

――ファンチャーにインタビューしたときに、彼は映画の脚本作りを詩作にたとえていました。ご自分の執筆方法と比較してどう考えますか。

グリーン　詩作ですか。脚本作りのいろいろな段階でそれは当たっていると思います。どの部分を書いているかによりますが。建築のような部分もありますし、音楽のような部分もあります。ファンチャーの言うように詩作のような部分もあります。レンガ積みのような部分もあります。外部からの侵略者から自らを守らないといけない戦いのような部分もあります。政治のような部分もあります。大工のような部分もあります。

脚本を書くというのは、他の種類の執筆とは違って、本当にいろいろな要素を要求される作業です。私の好きな部分は詩に似た部分です。その部分に取り組むときは詩人のように取り組みます。ですからファンチャーの考えと同じです。

リドリー・スコットと『2049』

——リドリー・スコットは『2049』にどのように関わっていますか。

グリーン　直接関わっています。最初は脚本を一緒に進めました。彼の話によく耳を傾けてそれに受け答えしながら進めていました。私もかなり意見を言いました。リドリーは私が書いたことを取り上げてさらにそれを発展させ、それが映画の忘れられない「進化の部分」になったこともあります。ビジュアルの観点から見れば、彼との会話で私の脚本は劇的によくなったことは明らかです。

そのあとリドリーは最後までアドバイス役に回りました。彼は撮影現場にやってきて、撮影した映像を見て、ドゥニ・ヴィルヌーヴと話し合い、とても気に入っていると感想を言っていました。リドリー・スコットはいわば作品全体の教授でもあり、ゴッドファーザーでもあります。

『２０４９』は彼のすばらしい業績の続編です。彼はドゥニ・ヴィルヌーヴ監督に対して信じられないほど思いやりがあり、寛大でした。ヴィルヌーヴに自由に作らせていました。そして、リドリーの賛同を得ながら、ヴィルヌーヴは成し遂げました。リドリーはその仕上がりにとても満足していたと思います。

――さきほどライアン・ゴズリングを念頭に置いて書いたと言いましたが、その時点では彼のキャスティングはすでに決まっていたのでしょうか。

グリーン　まったく決まっていませんでした。さきほど言ったように最初はリドリー・スコットの助けを借りながら書き、それに対してスタジオがＯＫを出しました。次に重要なことはハリソン・フォードを引き入れることでした。もしハリソン・フォードがノーと言えば私が書いたヴァージョンは却下されてしまいます。ですからハリソン・フォードがそれを読んで受け入れてくれたときは歓喜の瞬間でした。

しばらく時間が経過して映画の形がよりリアルに見えてくると、撮影日が設定され、次はキャスティングです。Ｋの役を誰がやるべきかという話になったとき、何をおいてもライアン・ゴズリングに打診するべきであるということには誰もがすぐに同意しました。ゴズリングが快諾してくれたのはラッキーでした。

彼はまず脚本を読むことを快諾し、すぐに読んでくれました。脚本はデジタルのファイルで通して彼の元に送られたと聞きました。この方法で送ると、送られた先が脚本を開いたり閉じたりするのがわかります。ゴズリングは脚本のファイルを受け取ると即座に開き、一時間半後には、Kのパートに興味があると連絡してきたそうです。つまり、彼はすぐに読んで返事をくれたわけです。

ニアンダー・ウォレスの倫理観

――『2049』で、禁止されていたレプリカントを生み出す企業を再び興したニアンダー・ウォレスは、彼なりの正義の観念に基づいて動いていたと思いますが、目的を達するために侵してはならない道徳規準というものは存在すると考えますか。
グリーン　さっき話が少し脱線したときに産業とテクノロジーの偽モラリティの話になりましたね。私個人の考えとしては、侵してはならない倫理観は存在すると思います。人間

ニアンダー・ウォレス。彼は禁止されていたレプリカント(ネクサス9型)の製造を再開させた。Kもネクサス9型だ。

の倫理観の明白な基盤になるものです。でもそういう倫理観を信じない人にもひどく興味をそそられます。ニアンダー・ウォレスはそういう種類の人間だと思います。

彼は目が見えませんが、自分には視力があると思っています。それにははっきりとした理由があります。事の是非はさておき、人類の未来は自分が見通したいと思っている特定の事柄につながっていると彼は信じているからです。彼が利他主義者か虎のようなエゴを持っているかは観客が議論すべきことですが、そのどちらも当たっているかもしれません。彼は自分の行動や現実を、彼の言葉で言うと「崇高な目的」のために正当化してきました。彼は一万年、二万年先を見て人類の未来を救おうとしている、その結果、自分の眼前にいる生物の苦痛を取るに足らないものだと考えてもいいと信じています。

――ニアンダー・ウォレスの描き方に終結感がないのは、次作への布石でしょうか？

グリーン　ウォレスが続編に出て来られるように、彼をそのままにしたということはありません。どんなストーリーでも続編が作られる可能性があるとだけ言っておきましょう。

何通りもの解釈を可能にする映画

――『ブレードランナー』シリーズは、見れば見るたびに印象が変わる、質問に対する答えが変わる、というものだと思いますが、他に同類の映画は思い浮かびますか？

グリーン　映画を見たあとに、その映画の意味するところは何かということを際限なく議論できる映画はあります。特段に優れた例は『パンズ・ラビリンス』（二〇〇六年）です。ギレルモ・デル・トロ*9の傑作です。彼の代表作の一つであると言うべきでしょう。彼には優れた作品がたくさんありますが、これは非常に美しく、それだけで独立して楽しめます。

でもこの映画にはさらなる層があって、映画の最終場面になると少女の経験が本当であったのかどうか、彼女の精神が生み出した自己防衛のための幻想なのかどうかわからない気持ちになります。自らの置かれた現実の状況を理解するためにそのような幻想を抱いているのかもしれません。

優しい気持ちをもってこの映画を見ると、少女が最後は妖精たちと一緒に暮らすようになったと思うでしょう。また、高潔ではあったが結局亡くなってしまったと思うかもしれません。どちらもあなたの考え次第です。私にとっては胸が張り裂けそうになる結末です。いつ見ても感動しますが、結末の印象がずっと脳裏に残ります。もっともそういう結末にしなくても優れた映画になっていたと思います。とにかく、この映画は、もう一段階の謎を作り出そうと時間をかけて丁寧に作られているのです。そのすばらしさについて一日中でも話すことができますね。

——さきほどナボコフの『青白い炎』からの引用の話が出ましたが、それはあなたのアイデアですか。

グリーン　『青白い炎』を引き入れたのは、私のアイデアだったと思います。

——その引用の背景は。

グリーン　いくつかありますね（笑）。その作品の存在を思い出させるためですが、他の具体的な目的は言えません。とにかく観客がそれぞれ解釈して、議論するのを楽しむことです。その意図は何だろうと議論する人がいれば、私は光栄に思います。

でも『青白い炎』は私にとっては常に話題にする価値がある作品です。というのも、この作品は、実際に読んでいる内容が信用できるものであるのかどうか、最終的なものであるのかどうか、答えが出ることがないだけではなく、それが本であるのかどうかもわからないという代物だからです。信用できない語り手がゼンブラという国の高貴な王子であるか、あるいは、まったくのマッドマンであるのかについての本です。読み終えたら、まったくわけがわからない状態になります。

あなたがさっき言ったように、見終わったあと人が議論するような映画とはどういうものなのか？　『青白い炎』は人生で何百回と読んで、読み終えるたびに常に違うものを信じているような気になる作品の一つです。映画への引用そのものの解釈についてはあなたに任せます。

ブレードランナーをめぐる議論は続く

——それでは、レプリカントの間に子どもが生まれるというアイデアはあなたのものですか、ファンチャーのものですか。

グリーン　それは難しい質問です。すべて二人が生み出したというべきかもしれません。

——レイチェルには寿命がなかった、ということはネクサス7型ですか?

グリーン　それは誰を信じるかによります。彼女が無期限の寿命であるというヴォイスオーヴァーが入るヴァージョンもあれば、ガフが「残念ながら彼女は長くは生きない」と言うヴァージョンもあります。彼女がネクサス7型であるとか、8型であるとか、あるいはまだ世に出ていないまったく新しいヴァージョンであるとか、信じたければどれを信じてもいいのです。レイチェルが妊娠していなければ生きていたかもしれない、というのは解釈の余地があります。生きていた可能性もありますし、子どもができたために死んでしまったのかもしれません。彼女が元々そのようにプログラムされていた可能性もあります。

——ジョイの起動音であるセルゲイ・プロコフィエフの*10「ピーターと狼」は、あなたのアイデアですか。

グリーン　普通は誰がどのアイデアを出したかは言いませんし、そのような質問も好きではありません。脚本と映画というのはそのような関係ではないからです。でもこれに関しては答えることにします。このアイデアは、ドゥニ・ヴィルヌーヴが編集担当のジョー・ウォーカーと一緒に作業しているときに出てきたのです。

私は、エマネーター（ジョイを家の外に持ち出すためのガジェット）から小さな起動音が出ると脚本に書きました。ジョーが編集作業中に、「ピーターと狼」を起動音として入れることにしました。いいアイデアだと思います。映画を見た人はみんな気に入ってくれました。それに意味があるのかどうかは解釈の余地があります。しかし、初めてそれが出てくるシーンを見て、何て美しい音だろうと思ったことを覚えています。すばらしいのですから、誰のアイデアか言ってもいいでしょう。

――「ピーターと狼」の主人公ピーターは、ソ連の文化を世界に浸透させる役割を果たす少年団ピオネールに所属しています。この曲を使うことは、全体主義国家の一員の子ども（つまり、K）が、国家に反逆することを暗示しているのでしょうか。

グリーン　それはすばらしい考えですね。ちなみに『ブレードランナー』では、このようにいろいろな場面で製作者たちが様々な選択をしていますが、そういう選択について観客が意見を言い合うのをみることほどうれしいことはありません。「私はこう解釈する」と言うのを聞くと私はそれはすばらしい考え方だと思います。この映画について人が意見を交わしているのをみることほど大きな喜びはないのです。

インタビュー＝大野和基

＊1　シュレーディンガーの猫…量子力学の矛盾点を突く思考実験。量子力学では、粒子は観測するまで位置が確定できず、異なる複数の位置に同時に存在しているとされる。これに疑問を覚えたオーストリアの理論物理学者のシュレーディンガーは一九三五年に、猫を使った思考実験で量子力学の問題点を指摘。五〇パーセントの確率で毒ガスが発生する装置に猫を入れておき、一定時間後、蓋を開ける。すると蓋を開けて観測するまでは、生きている状態の猫と死んでいる状態の猫が同時に存在していることになってしまう、というもの。

＊2　ミディクロリアンズ…『スター・ウォーズ』における細胞の構成要素。体内にこれがどれだけあるかによって「フォース」の強弱が決まるといわれる。転じてわからないことを煙に巻くときに

使う。

＊3　『2001年宇宙の旅』…スタンリー・キューブリック監督によるSF大作。映画で描かれた生命の起源の秘密や人工知能などは、様々な論考の対象となっている。キューブリックがアーサー・C・クラークと共同で脚本をまとめ上げた。「ツァラトゥストラはかく語りき」「美しき青きドナウ」など、クラシックの名曲が効果的に使われている。

＊4　『エクス・マキナ』…アレックス・ガーランド監督のデビュー作品。女性ロボットに搭載されたAIと人間との駆け引きを描くSFスリラー。アカデミー視覚効果賞を受賞している。

＊5　アイザック・アシモフ（一九二〇〜一九九二年）…作家、生化学者。ロシア生まれ。三歳のときアメリカに移住。ニューヨークで育つ。コロンビア大学、同大学院を卒業。大学在学中からSF小説を書き始め、ボストン大学で講師を務める傍ら、本格的に著作活動をはじめる。『ファウンデーション』シリーズなどのSF、『黒後家蜘蛛の会』などのミステリー、科学エッセイなどのノンフィクションの分野で多くの著作を残す。作品内で、「ロボットは人間に危害を加えてはならない」「ロボットは人間に与えられた命令に服従しなければならない」「以上二つに反する怖れがないかぎり、ロボットは自己を守らなければならない」という「ロボット工学三原則」を提唱したことでも知られる。

＊6　オリバー・ストーン…映画監督、脚本家、プロデューサー。一九四六年、ニューヨーク生まれ。イェール大学を中退後、アメリカ陸軍に志願。ヴェトナム戦争に従軍する。作戦中二度の負傷を負い、一九六八年に除隊。ニューヨーク大学でマーティン・スコセッシらに学び、映画学の学士号を取得。タクシー運転手、セールスマンなどをしながら映画製作を続ける。一九七九年に『ミッドナイト・エクスプレス』でアカデミー脚色賞を受賞。ヴェトナム戦争を描いた問題作『プラトーン』（一九八六年）、『7月4日に生まれて』（一九八九年）で二度アカデミー監督賞を受賞している。近年は、アメリカの現代史やロシアのプーチン大統領に関するドキュメンタリー映画の製作にも取り組んでいる。

＊7　デイヴィッド・マメット…劇作家、演出家。一九四七年、アメリカ・シカゴ生まれ。ゴダード・カレッジを卒業後、劇作家として活動を開始。アメリカのビジネス倫理と良心の問題に鋭く切り込んだ『アメリカン・バッファロー』（一九七五年）でニューヨーク劇評家賞、『グレンギャリー・グレン・ロス』（一九八三年）でピューリッツァ賞を受賞。『評決』（一九八二年）、『アンタッチャブル』（一九八七年）など映画の脚本も手がけている。現代アメリカを代表する劇作家の一人。

＊8　フランツ・カフカ（一八八三〜一九二四年）…作家。オーストリア＝ハンガリー帝国のプラハ（現・

チェコ）生まれ。プラハ大学を卒業後、保険会社を経て、労働災害保険協会に勤務。終業後に執筆活動を行い『変身』（一九一五年）などを発表。肺結核を発病し、七年の闘病ののち死去。未完の作品『審判』『城』などは死後に刊行される。

＊9　ギレルモ・デル・トロ…映画監督、脚本家。一九六四年、メキシコ生まれ。特殊メイク・アーティストとして活動をはじめ、監督・脚本を手がけたホラー映画『クロノス』（一九九二年）で注目を浴びる。『ミミック』（一九九七年）でハリウッド・デビュー。二〇一七年の『シェイプ・オブ・ウォーター』で、アカデミー作品賞、アカデミー監督賞を受賞した。日本のマンガやアニメに造詣が深く、その影響を公言している。

＊10　セルゲイ・プロコフィエフ（一八九一～一九五三年）…作曲家、ピアニスト、指揮者。現在のウクライナ・ドネツクで生まれる。幼少から才能を発揮し、一三歳でサンクトペテルブルク音楽院に入学。在学中からオペラ、ピアノ協奏曲を作曲し高い評価を得る。ロシア革命勃発時の一九一八年アメリカに亡命。途中日本に立ち寄り、ピアノ・リサイタルを行う。アメリカ、フランスで音楽活動を展開した後、一九三〇年代に、モスクワに移住。「ロミオとジュリエット」「交響曲第五番」など、多くの名作を世に出した。「ピーターと狼」は、一九三六年に作曲した子どものための「交響的物語」で、一九四六年にディズニーがアニメ映画化している。

第三章　渡辺信一郎

わたなべ しんいちろう

アニメーション監督。1965年、京都府生まれ。アニメ制作会社日本サンライズ(現サンライズ)制作進行を経て、1994年『マクロスプラス』で監督デビュー。以降、『カウボーイビバップ』や『サムライチャンプルー』『スペース☆ダンディ』『残響のテロル』などの作品を手がけ、日本のみならず海外からも高い評価を得る。

『ブレードランナー2049』の公開に先駆け、短編映画が発表された。『ブレードランナー』の舞台である2019年から2049年までの空白をつなぐ、『ブレードランナー ブラックアウト2022』『2036：ネクサス・ドーン』『2048：ノーウェア・トゥ・ラン』の三作品だ。『ブラックアウト2022』は、日本人監督・渡辺信一郎が手がけており、シリーズ中唯一のアニメーション映画である。若き日に『ブレードランナー』と出会い多大な影響を受けたという彼が、製作秘話、ハリウッドの実像について語る。

『ブレードランナー』は現実に感じられた

——『ブレードランナー』を初めて観たとき、渡辺監督はこの作品をどのように受け止めましたか。

渡辺　やっぱり、それまでのSF映画が絵空ごとのように見えてしまうような驚きがありました。それは冒頭のテロップに端的に出ているような気がするんですが、『スター・ウォーズ』[*1]は「A long time ago in a galaxy far, far away… 遠い昔、遥か彼方の銀河系で…」という抽象的な、いわば現実とは関係ない世界の出来事を描いている。

一方で『ブレードランナー』の冒頭で流れるテロップは「LOS ANGELES, NOVEMBER, 2019 ロサンゼルス ２０１９年11月」です。この時点でもう、全然違いますよね。特に「NOVEMBER」があるとないとでは大違いで、ロサンゼルスという具体的な場所で、具体的な未来の、あるひと月の出来事を描いているんだということですね。絵空ごとではない、現実のすぐ先の延長線上にある出来事なんだ、という感じで。

――渡辺監督は『ブレードランナー』からどのような影響を受けたのでしょうか。

渡辺 やっぱり最初は、あの未来のヴィジョンですね。映画の内容とかストーリーじゃなくて、あの世界観だけで衝撃だった。その後、多くのニセモノがつくられて、若い人はそういうのを先に観ているからこの衝撃が伝わらないかもですが。ただ映像的にいい、っていうことじゃなくて、ちゃんと人々が生活している感じ、世界がそこに息づいている感じがあった。それで何度も観るうちに、キャラクターの魅力とか、悲劇的なストーリーとか、詩的とも言えるセリフとか、哲学的テーマとか、そういういろんな部分が重層的に好きに

スピナーとロサンゼルスの高層ビル。アニメーションとは思えないリアルな映像だ。『ブレードランナー ブラックアウト 2022』より。

なっていきましたね。

アニメ界にも強いインパクトを与えて、何しろ八〇年代中期から九〇年代にかけては、ＳＦアニメの大半が『ブレードランナー』の影響を受けていたんじゃないかな。それがだんだん逃れられない呪縛のようになったりして、打ち合わせで「今回は『ブレードランナー』なしで」という話が出たこともあるぐらいで（笑）。

――『ブレードランナー』がそれほど強烈な影響を様々な領域に与える作品になったのはなぜなのでしょうか。

渡辺　もちろん、リドリー・スコットの持ちえたヴィジョンとそれを実現するための凄まじい執念、それが第一にあるんだけど、それだけではこんな作品にはならないでしょうね。そのとき集まったキャストやスタッフとの出会い、せめぎ合いとか、物事の起きるタイミング、アクシデントまで含めて奇跡的な偶然が働いて、こういう作品ができてしまったんじゃないかな。往々にして名作ってそういうもんだと思います。

詩から発展する映画

――『ブレードランナー』は奇跡の産物であったと。

渡辺　関係者の話を聞くと、ハンプトン・ファンチャーの存在も大きいみたいですね。彼は最初の『ブレードランナー』でも、『ブレードランナー 2049』（以下『2049』）でも脚本の第一稿を書いていて、作品の基本的なトーンを決定づけたらしくて。彼の最初にあげてくる脚本は脚本というより散文とか詩のような感じらしいんですよ。そこから直しを経てだんだん脚本っぽくなるそうなんですけど、おそらくこの作品の詩的な部分は、彼に負うところが大きいんじゃないかな。

聞くところによると、だいたいファンチャーの脚本はいつもこの調子らしくて、「どれが台詞かわからんよ」という状態から監督の意向に沿いつつリライトしていく人が毎回いるらしい。前作ではデヴィッド・ピープルズ、『２０４９』ではマイケル・グリーンがそれを担当してますね。あと監督のドゥニ・ヴィルヌーヴが言ってたんだけど、ファンチャーに脚本に関して相談すると、その返信として詩が送られて来たらしくて。

――具体的なアドバイスではなく、詩なんですね。

渡辺　そう。自分も若手監督とかに相談を受けることがあるんだけど、これからは詩で返そうかな（笑）。

――一人の天才が計算し尽くしてつくったわけではない、というのが『ブレードランナー』の面白いところですね。

渡辺　ケミストリーが起きた、というとキレイな感じがするけど、実際はもっとカオス状態というか、制作ももめまくってるしキャストやスタッフとも喧嘩状態だったりで、そういう緊張感が奇跡的にいい方に作用しているという、ビートルズでいうと「ホワイト・アルバム」みたいなとこがありますね。だから、続編の『２０４９』はとてもすばらしいプロの作品だと思うけど、そういうカオスまでは再現できないという（笑）。当たり前だけどね。

あとリドリー・スコット監督は美術畑の出身なんですごくセットにうるさくて、いくらスタッフがつくり込んでもＯＫが出なかったらしいです。予算もなくなってきて、困ったスタッフがＬＡ近郊のジャンク屋をまわって鉄屑を買ってきて、かたっぱしからセットにくっつけまくっていったらＯＫが出たという。だからセットのデザイン画と全然違うカオス状態になっちゃってて、偶然の産物なんだけどそこにまた再現不可能な良さがあるんですよね。『２０４９』は豊富な予算できっちりセットをつくってるんで、逆にあのカオス感が出ないというパラドックスもあって。

『２０４９』製作現場で目にした光景

――渡辺監督は『２０４９』の製作現場も見学されたそうですが、印象に残っている光景はありますか？

渡辺　ハリウッドの、言ってみれば全ジャンルのトップクラスが集まっている製作現場を

ロサンゼルスの繁華街。2019年を舞台にした『ブレードランナー』を彷彿させる。『ブレードランナー ブラックアウト 2022』より。

見学できたのはよかったですね。衣装ならば衣装界の、美術であれば美術界の最高の人がいるわけで、その人たちに会って話したり、できている素材を見せてもらったり。みんな自分の仕事をうれしそうに説明してくれるんですよね。

なかでも印象に残っているのは、デニス・ガスナーっていうプロダクション・デザイン、アート・ディレクション部門のトップの人かな。何か日本の文化が好きみたいで、作務衣《さむえ》を着て、畳を敷いた部屋で正座して仕事をしていて。彼のいる畳の部屋ではイスの使用は禁止だそうで、アシスタントにも正座を強要したりして（笑）、周りの人からは「センセイ」って呼ばれてましたね。

――日本語の「先生」ですか。

渡辺　そう。変なイントネーションで「センセーイ、センセーイ」って呼ばれてて、「何を言ってるんだろう？」と思ったら日本語の「先生」だった（笑）。

彼はけっこうなベテランで、若かった頃にフランシス・フォード・コッポラ監督[*2]の『ワン・フロム・ザ・ハート』（一九八二年）のセットをつくったりしていたらしいんです。それで一つ面白い話があってね、最初の『ブレードランナー』のとき、さっきも出た話でリドリー・スコット監督が美術にこだわりすぎてどんどん予算が足りなくなって、撮影の終わった他の映画からネオンとかを借りてきてやりくりしていたらしいんです。その中には『ワン・フロム・ザ・ハート』のセットからもらってきた有名なカウガールのネオンもあった。それで、デニスさんが『２０４９』をやることになってリドリーにその話をしたら「あのときのネオンは、お前がつくったのか！」って驚かれたらしい。

彼の仕事部屋には、イメージボード、コンセプトボードが、最初のシーンからラストシーンまで横一列に、壁をぐるりと回り込んで順番に貼ってあるんです。彼は、「映画というのは全体の流れが大事なので、イメージボードはこうして一望できることが重要なんだ。そうすると、一個一個の絵を見ているだけではわからない、そのシーンが映画にとって相応《ふさわ》しいものになっているのかどうかがわかる」と言っていて、なるほどなあ、と思いましたね。やっぱり、イメージボードを見るときには、ついその一枚絵だけを見て考えてしまうけど、あくまで全体の流れの中で位置づけないといけないという。もっとも、ボードをあんなふうに貼れるような広いスペースが日本のアニメ会社にはないってのが実情ですが（笑）。

——渡辺監督が使おうと思ったテクニックはありましたか。

渡辺　そのまま使うってわけじゃないけど、参考になったのはストーリーボード（絵コンテ）の描き方かな。ストーリーボード担当のサム・ハデッキーさんという人が熱心なアニメファンで、我々が行ったらすごく喜んでくれて、こちらが聞いてないことまで詳細に教えてくれたんですけど。

日本のアニメだと、監督とか演出がシナリオを持ち帰って、ひとりで描いていくのが普通ですけど、彼らのやり方はそうじゃなかった。シナリオを見ながら、監督のドゥニ・ヴイルヌーヴと、撮影監督のロジャー・ディーキンス、[3]そしてストーリーボード・ライターのサムさんの三人でディスカッションしながらその場でつくっていく。打ち合わせのその場でサムさんがどんどん絵にしていくらしいんです。まあ基本的にはこのシーンはこういうふうに撮りたい、ってのをドゥニが言って、「こうですか?」って感じですぐサムさんが絵にして、それを見ながらこうしよう、ああしようと話し合う。ロジャーは基本的に聞いてるんだけど、時々「絵的にこうしたほうがいいんじゃないの」みたいな意見を言うそうで。「そういうやり方もあるんだな」と思いましたね。まあ、実写はアニメと比べるとカット数が少ないから可能なのかもしれないので、そのやり方がアニメに応用できるかどうかは未知数ですけど。

——撮影現場にも見学へ行かれたのでしょうか?

渡辺　行きました。ちょうど撮影していたのが、Kとジョイがスピナーに乗ってるシーンと、その後の広大なゴミ捨て場にスピナーが落下して、Kが取り囲まれるシーン。ゴミ捨て場のセットが広大で、ちょっとした野球場くらいあったんじゃないかな。他にも、ラスベガスとかいろいろセットを見て回りましたけど、どれもスケールでかいわ、細部までつくり込んであるわで凄かったですね。ライティングまで考えたうえでセットがつくってあるし。ただ、自分が見たことのある実写映画の撮影現場は『マトリックス リローデッド』[*4]（二〇〇三年）と『２０４９』の二本だけなんで、これが普通なのかどうかわからない。『マトリックス リローデッド』でも高速道路をまるごとつくったりしてたんで、たぶんどっちも普通じゃない（笑）。まあこんなセットばっかりつくっていたら、製作費は回収できないだろうな……と思いましたね。

『ブラックアウト 2022』が生まれるまで

――今回監督された『ブレードランナー ブラックアウト ２０２２』（以下『ブラックアウト ２０２２』）では、ブラックアウト、つまり大停電を引き起こすための高高度核爆発が描かれていました。渡辺監督は、爆弾テロリストの少年たちを描いたアニメ『残響のテロル』[*5]でも、高高度核爆発を描いていましたが、『ブラックアウト ２０２２』におけるこのアイデアは渡辺監督がハリウッドへ提案したものなのでしょうか？

渡辺　いや、違います。『２０４９』の脚本用に書かれていたタイムラインという、時系列に沿った設定みたいなのがあって、そこに「EMP（電磁パルス）によって大停電が起きる」と書かれていたんですよ。自分としては「うーん。つい最近『残響のテロル』でやったし、テロ専門監督、爆弾ばかり出したがる監督とか思われそうだよなぁ……」とも思ったんだけど（笑）、歴史を勝手に変えるわけにはいかないんでね。

設定に書かれていたのはEMP爆弾であって、核ミサイルとは書いてないんだけど、現代で想定できる技術において大規模なEMPを引き起こすにはこれしかないんですよ。架空の「スーパー爆弾」みたいにしちゃうと何のリアリティもないので。そこは『残響のテロル』のときにけっこう調べて知っていたし。

――お詳しいんですね（笑）。

渡辺　もちろん、調べたうえで嘘ついてるとこもありますけどね。単に仕事に必要だから調べてたんだけど、図書館では核兵器だの原子爆弾だのの本を借り、グーグルの検索窓に毎日「テロ」「原爆」「核兵器」とか打ち込んでいて、「そのうち公安にマークされんじゃねえの？」とか言いつつ（笑）。

――『残響のテロル』が放送された二〇一四年、東京で暮らす少なくない人々が「東京で

レプリカントのイギーは、人類からレプリカントの記録を抹消させるため、大爆発を計画する。『ブラックアウト 2022』より。

テロが起きたらどうしよう」と思っていたでしょう。そして近年の北朝鮮情勢を重ねて『ブラックアウト2022』を観ると、渡辺監督も『ブレードランナー』同様、今を鋭い感性で捉え、現実の延長を描く作品をつくられているのではないかと感じさせられます。

渡辺　ただし、つくっている最中は、二〇一七年に北朝鮮情勢がこんな風になるとは想定していなかったけどね。まあ、北のあの人はアニメとか特撮とかが好きらしいんで、案外『残響のテロル』を観て「いいね、これでいこう」とか思ったのかも。

——渡辺監督は「未来や江戸時代の形を取りながらも、今を生きている人間を描いてきたつもりです」と、過去のインタビューで発言されています。『ブラックアウト２０２２』では、今をどのように描いたのでしょうか。

渡辺　うーん、そこは作品を観て、自分で考えてもらいたいけど。別に正解があるわけじゃなし、なんでも監督に聞けばいいってもんじゃないよ（笑）。

まあ、つくり手は時代の空気を敏感に感じ取って作品をつくるわけだから、時代性はごく自然に反映されていくと思うし、いかなかったら嘘だと思うんです。ＳＦの名作なんかもだいたいそうですよね。別の世界を描いているようで、それはデフォルメされた現実であったり、現実の世界を異なる角度から覗いたものだったりする。

前作の『ブレードランナー』はレプリカントの寿命が四年で、生き延びたい、もっと長く生きたいという、いわば人間の生存本能のようなものが描かれていたけど、『２０４９』で新たにつくられた設定では新型のレプリカント、ネクサス８型が人間と同じぐらいの寿命があることになっているんです。それを踏まえて今回のアニメでは、「生きたい」から「どう生きるか」にテーマ設定が必然的に移行しています。

たとえば最近、「自分が努力して自分の価値を高める」んじゃなくて、「周りを貶《おと》しめる」ことで自分の相対的価値を高めようとする風潮があると思うんですよ。民族差別とかヘイトクライムしかり、何かの事件に対する過剰なバッシングとか、ネット上の炎上しかりで。でも、「それで本当に自分の人生を生きているのか?」「自分の人生を、自分で切り拓いたほうがいいんじゃないか?」とか感じてしまうわけで、そういうことが自然に作品に反映されているだろうなとは思います。

まあわかりやすく言うと、自分は主にオリジナル作品を作ってきて、今回も世界観は先に決まってるけど内容はオリジナルなわけで、そういう時って作家としての自分と演出家としての自分が別にあるんです。作家としての部分は、例えばロジックとして「現代はこういう時代で、こういう問題を抱えてるから、こういう内容の作品にすべきだ」という結論が導き出されたとしても、それだけだとモチベーションとして弱いし、手が動かない。こういう作品が作りたいっていう、強い衝動というかモチベーションが必要なんです。でも、それを実際に演出する段階になるとロジックが必要になってくる。作家としての自分が書いたものを、なんでこういう内容なんだろう、と分析したりして、テーマがそこでやっと導き出されて、それにそって演出したりという、分裂した感じですね。

――「アニメーション監督の渡辺信一郎」として『ブレードランナー』のスピンオフと向き合う過程では、どのような葛藤があったのでしょうか。

渡辺　なにしろ絶大な影響を受けた作品だし、あくまで『ブレードランナー』の世界観の中でスピンオフをつくるわけだから、最大限のリスペクトをこめて世界観を壊さないようにするというのがひとつ。そしてもうひとつは、単なるイミテーションとか二次創作にならないよう、自分なりのオリジナリティもそこに加える。その二点を常に意識しつつ、テレビはブラウン管なのだと（笑）。この世界に液晶などというものはないのだと思っててつくりましたが、後に『２０４９』を観たらブラウン管じゃなくなってて、「マジかよ？」と思いましたが（笑）。

ハリウッドの洗礼

――渡辺監督は二〇〇三年の『アニマトリックス』[*6]でもハリウッドと製作をしていますが、『ブラックアウト２０２２』の製作はどのように進めていったのですか。

渡辺　よく「ハリウッドのビッグな予算でつくれていいよな」とか言われることがあるんですけど、そんな簡単な話じゃない。

まず「ハリウッドは金も出すけど、口も出す」というのが大前提です。向こうでは、出資者が物言う権利をもっているわけで、金を出してないクリエイターが自由にものをつくれるわけじゃないんです。

だから、向こうの偉い人たちがアレコレ直せと言ってくるのをいかにネゴシエート（交渉）して、すり抜けたりかわしたりするのかというスキルも必要になってくるんです。『アニマトリックス』のときも相当ゴタゴタがあったんで、今回はそのときの経験を生かしてだいぶ対策を練ってあったんですけど、それでもいろいろありましたね。とにかく「一般的なアメリカ人」にわかるようにつくれと言ってくる。

たとえば、英語版ではレプリカントのトリクシーの売春宿での回想シーンに「二週間前」というテロップが入っているんです。これは「時間が戻ったのがわからないから入れてくれ」という偉い人からのお達しで（笑）。いやいや、時系列が入り乱れるなんて映画の中でたくさんあるじゃないか。こんな程度でわかんないんだったら、『ゴッドファーザーPARTⅡ』[*7]（一九七四年）とか『パルプ・フィクション』[*8]（一九九四年）なんてどうなるよ、とか思ったんだけど。しかたがないので英語版ではテロップを入れておき、日本語版では入れないままでこっそり納品して今にいたると（笑）。

まあそんなのは小さいことだけど、大きいのだと「核爆発のシーンを全部カット」というのもあった。「なんで?」と思ったら「北朝鮮が核ミサイルを撃つかもしれないから」と。いやいや、全部カットしたら話がつながらないじゃん、ということでなんとか妥協点を探り、爆発もちょっと曖昧にしたり目立たないようにしたりといろいろ修正を重ねたんです。「曖昧な爆発にしたのでこれでいいですか?」「キノコ雲になってるじゃないか。ダメだ」「キノコの根っこの部分を消してキノコじゃなくしたのでいいですか?」「全然ダメだ。爆発をなくせと言ってるじゃないか」と……そんなやりとりをひたすら重ねて。それでも納得してもらえず、納期が来ちゃったんで最終的にはエイッて納品ぶん投げて逃げましたけど（笑）。

――あの作品は渡辺監督が逃げたままで、世界中で上映されているんですか。

渡辺　いやいや、逃げたといってもプロデューサーの追及から逃げただけで、作品はちゃ

この爆発により、「大停電＝ブラックアウト」が起き、ほとんどの電磁機器が破壊され、磁気システムを使用しているバックアップデータが抹消されることになる。『ブラックアウト 2022』より。© 2017 ALCON ENTERTAINMENT

んと完成していますので誤解なきよう（笑）。大変な苦労のあげく完成したという、そこんとこだけわかっていただけたらと。まあそれでも、『アニマトリックス』のときよりも全然要求は少なかったんで、良かったほうなのかもしれない。

ただね、最初の『ブレードランナー』の映画だって、リドリーが自分のやりたいことを実現させるために激しいバトルがあって、どうにか完成にこぎつけているんです。内容に口を出してくる出資者たちとの戦いはもちろん、現場スタッフともバトルがあって、過酷すぎる撮影にスタッフが反発してストまで起きたりして、でもリドリーは、まったく妥協せず最後まで自分のスタイルを貫き通した。そのぐらいの強い意志と信念がなかったら、ああいう作品はつくれないわけです。

特にビッグバジェットになればなるほど、いろんな出資者がそれぞれ勝手な要求をしてくるわけで、それをいちいち取り入れていたらわけわかんない映画になってしまう。よくありますよね、そういう映画って（笑）。

今回のアニメは幸い、ローバジェットなスピンオフだったんでなんとか逃げ切れたという感じかな。

そういえば、別のハリウッド関係の仕事をしている知り合いと話していて、「偉い人たちから修正指示がいっぱいきて大変」って話をしたら、そんなのは当たり前、って顔でこう言われたんです。

「Welcome to Hollywood ハリウッドへようこそ」

インタビュー＝森 旭彦

二〇一八年暮れ、『ブレードランナー』の流れをくむ新作アニメシリーズ『ブレードランナー：ブラックロータス』が制作されることが決定した。物語の舞台は二〇三二年になる。全一三話構成。完成は、二〇一九年秋を予定している。

＊1　『スター・ウォーズ』…一九七七年公開されたSF映画。ジョージ・ルーカス監督。主人公ルーク・スカイウォーカーが銀河帝国に連れ去られたレイア姫を救うため、ダース・ベイダーと闘う様を描く。ルークを助けるハン・ソロ役で出演したハリソン・フォードは、この作品の世界的な大ヒットにより人気スターの仲間入りを果たす。その後、『スター・ウォーズ』シリーズは八作公開され、この作品はエピソード4と位置づけられている。二〇一九年に公開予定の第九作でシリーズが完結することが発表されている。

＊2　フランシス・フォード・コッポラ…映画監督、脚本家、プロデューサー。一九三九年、アメリカ・デトロイトで生まれ、ニューヨーク郊外で育つ。カリフォルニア大学ロサンゼルス校大学院に在学中から映画製作をはじめる。ロジャー・コーマン監督に師事し、低予算のホラー映画

などを手がける。一九七二年に監督した『ゴッドファーザー』は大ヒットを記録し、アカデミー作品賞などを受賞。続編の『ゴッドファーザーPARTⅡ』（一九七四年）でコッポラはアカデミー監督賞を受賞。『カンバセーション…盗聴…』（一九七四年）、『地獄の黙示録』（一九七九年）、『ワン・フロム・ザ・ハート』（一九八二年）などの大作、問題作を多数監督している。

＊3 ロジャー・ディーキンス…映画撮影監督。一九四九年、イギリス・デヴォン州生まれ。グラフィック・デザインや写真を学んだあと、ドキュメンタリーの撮影現場で働き始める。ドキュメンタリー、ミュージック・ビデオ、映画の撮影監督として頭角を現し、一九九〇年には、『愛と野望のナイル』でハリウッド・デビュー。『ショーシャンクの空に』（一九九四年）、『ファーゴ』（一九九六年）など数多くのヒット作、話題作の撮影を担ってきた。ヴィルヌーヴ監督の『プリズナーズ』（二〇一三年）、『ボーダーライン』（二〇一五年）の撮影監督も務めている。アカデミー撮影賞には一四回ノミネートされているが、『ブレードランナー２０４９』で初受賞。

＊4 『マトリックス リローデッド』…ラリーとアンディのウォシャウスキー兄弟監督、キアヌ・リーブス主演。コンピュータに支配され、仮想現実（マトリックス）の中で生きる人間をテーマにした前作『マトリックス』（一九九九年）の続編。次作の『マトリックス レボリューションズ』（二〇〇三年）でシリーズは完結する。

＊5 『残響のテロル』…二〇一四年にフジテレビで放送された、渡辺信一郎監督によるテレビアニメ作品。東京で起きる爆弾テロを描くアクションサスペンス。物語はある夏の日、東京都庁で起きた大規模な爆弾テロに始まる。犯人はスピンクスと名乗るたった二人の少年だった。物語は動画投稿サイトで犯行予告が行われながら展開し、しだいに二人の少年をめぐる謎が明らかになる。

＊6 『アニマトリックス』…『マトリックス』の世界観を表現した九つのアニメ作品からなる連作映画。日本人のアニメーターも多数参加。渡辺信一郎監督はその中の「キッズ・ストーリー」「ディテクティブ・ストーリー」を監督。ウォシャウスキー兄弟も脚本で四編に参加している。

＊7 『ゴッドファーザー PARTⅡ』…『ゴッドファーザー』（一九七二年）の続編。フランシス・フォード・コッポラ監督。アル・パチーノ演じるマイケル・コルレオーネを主人公に、ラスベガス、キューバなどを舞台にマフィアの抗争を描く。並行して、マイケルの父でシチリア移民のヴィトー・コルレオーネが、ニューヨークでドンに上り詰めていく様も挿入される。前作に続きアカデミー作品賞を受賞。

＊8 『パルプ・フィクション』…クエンティン・タランティーノ監督、ジョン・トラボルタ、ユマ・サーマン、ブルース・ウィリスなどが出演。タイトルは、一九三〇〜四〇年代に流行した短編犯

罪小説が掲載された雑誌（パルプ）へのオマージュ。三つのエピソードを時系列バラバラに提示する手法は、以降の映画に大きな影響を与えた。カンヌ映画祭でパルム・ドール（最高賞）を受賞している。

第四章　ポール・M・サモン

ポール・M・サモン

作家、映画プロデューサー。1949年、アメリカ・ニューヨーク州生まれ。「ロサンゼルス・タイムズ」「エンパイア」などの新聞・雑誌に寄稿する。『メイキング・オブ・ブレードランナー』(*Future Noir: The Making of Blade Runner*)などの著書がある。

『メイキング・オブ・ブレードランナー』の著者であるポール・M・サモンは、『ブレードランナー』シリーズのエキスパートであるだけではなく、大手映画会社で、広報やマーケティング、プロデューサーなどを経験し、アメリカ映画の裏側を知り尽くした人物でもある。『ブレードランナー』の撮影現場にも立ち会い、リドリー・スコット監督、ハリソン・フォードなどとの交流もある彼が、このシリーズが成し遂げた偉業、映画としての魅力、そして欠点まで、批評家の目で鋭く分析する。

『2049』は綱渡り的な作品だ

――続編として考えたとき、『2049』をどう評価しますか。前作のエッセンスを忠実に引き継いでいると思いますか。

サモン 『2049』は稀有な作品です。オリジナルを奇跡的といっていいほど尊重している数少ない続編の一つであると同時に、作品として間違いなく独立している映画です。また、綱渡り的にバランスをとっているという意味で実に興味深い作品です。もちろん前作を知っていると最高に楽しむことができるでしょう。でも『２０４９』にのめりこんで、前作を知らない若い世代もいます。この世代の人はあとから前作のことを知って戻ってみるのです。

ドゥニ・ヴィルヌーヴも『ブレードランナー』の大ファンであったことには触れておく必要があるでしょう。そして、彼自身のキャリアで多くのプロジェクトを抱えているときに、あえてこの作品に取り組んだことにも。『２０４９』は非常に個人的なものであり、彼の精魂をこめた作品ですが、これはメジャーな商業用映画では非常にまれなことです。ヴィルヌーヴが作る映画はどれをとっても彼特有の個性があふれる作品です。個性がここまで強く押し出されて、なおかつ、オリジナルの『ブレードランナー』に対する崇敬の念を持っているという事実が非常にユニークな形で融合したのです。ハリウッドでこのような続編はそれほどたくさんありません。ものすごく知的で、また感情に強烈に訴えるのに、多くの点で静かな映画でもあります。

『２０４９』について延々と話すことができますが、この映画を完成に導くことは本当に難しかったということだけ言っておきたいと思います。しかもこれはメジャーなスタジオが製作した映画です。作るのに莫大なお金がかかっています。実際にこれを完成させたことはハリウッドの主流の映画においては非常に稀有なことなのです。他のどのスタジオが三五年前の映画の続編を財政的に保証したいと思うでしょうか。偉業と言えます。

編集にもう少し時間をかけるべきだった

それでも私には言っておきたいことが二つあります。続編で物足りないと感じたことは、前編にはある種の奇抜さがありましたが、私からみると『2049』にはそれが足りませんでした。いささか自分の世界に浸ったような感じです。自己陶酔的と言ってもいいかもしれません。前作の『ブレードランナー』はクレージーさがピンポン玉のように弾《はじ》けていましたが、私の考え方からすると『2049』はそのクレージーさが足りません。でもそれはアーティスティックな選択ですから、理解できます。もちろん、退屈な映画でもないし、仰々しい映画でもありません。非常に非現実的なストーリーに現実的なひねりを入れた作品なのです。

もう一つは、長さについてです。『2049』のオリジナル・カットは四時間近くありましたが、三時間近くまで縮めました。でも失ったものは何もありません。任務が終わった後にKが受ける「ポスト・トラウマ・ベースライン・テスト」[*1]がありますが、前作のフォークト・カンプフ検査はもっと長いものでしたし、今回もヴィルヌーヴはベースライン・テストのシーンをもっと長くしたかったと思います。

リドリー・スコットが前作を作っていたときから時代は変わりました。今、監督、プロデューサー、映画製作者らはファイナル・カットを仕上げる時間をかなり圧縮しました。昔は何カ月もかけて編集していましたが、今は文字通り数週間です。これはちょっとバカげています。『2049』でも同じように極端に短すぎたと言っているのではありませんが、編集にもう少し、あと二、三カ月はかけて、完成版の尺を短縮してほしかったのです。最終版はちょっと長すぎます。

この映画を見たときに、児童養護施設の部分は短くすべきだと思いました。Kは子どもの頃この場所にいた記憶があり、溶鉱炉に隠した木彫りの馬を見つけなければなりません。しかし、チャールズ・ディケンズの物語風の大がかりなセットを作って、このシーンを展開する意味があまりあるとは思えません。映画全体にとってどうでもいいことです。馬を

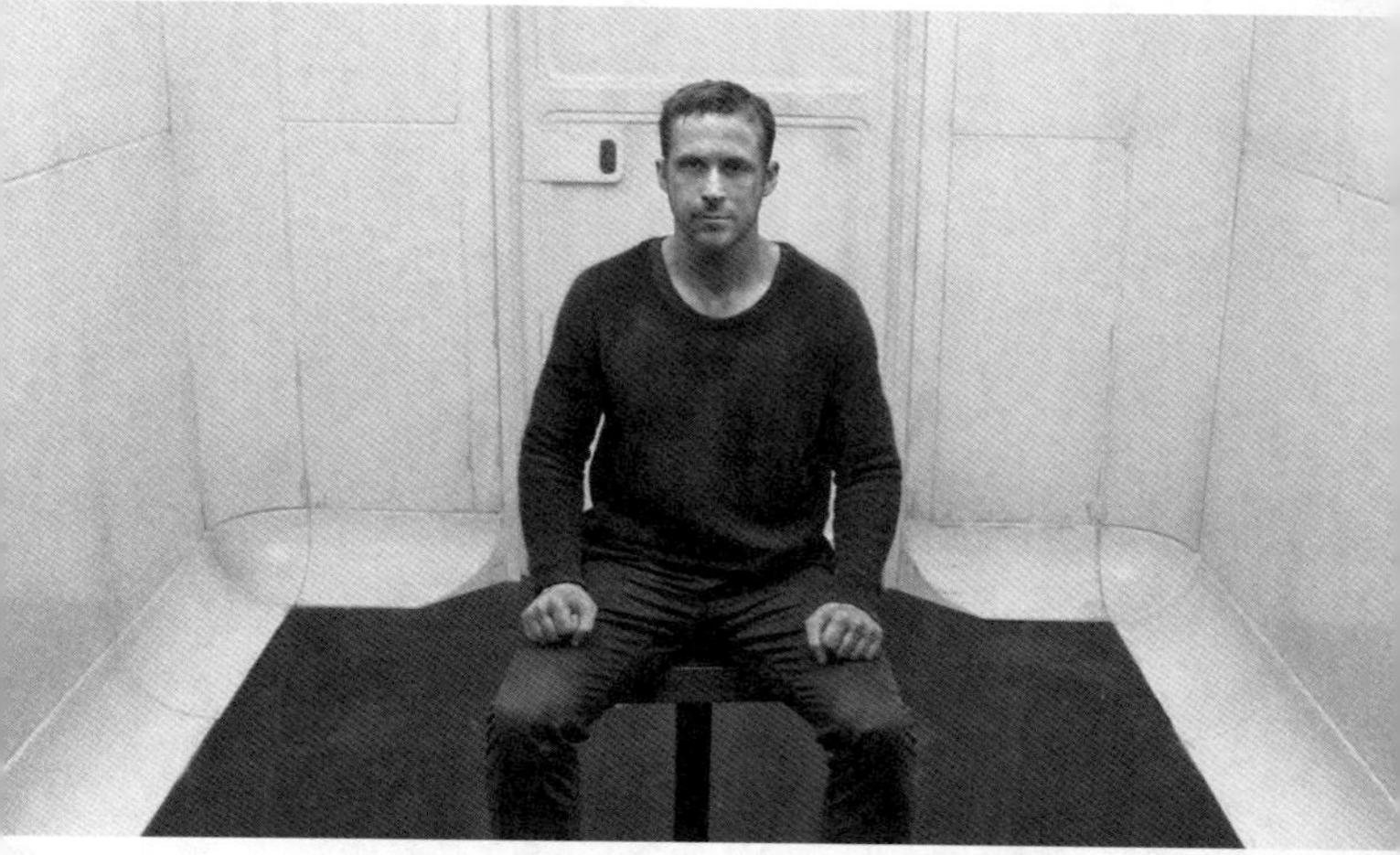

ポスト・トラウマ・ベースライン・テストを受けるK。ナボコフの『青白い炎』からの引用などが繰り返される。

探して炉にたどり着くシーンなど、一分もあれば十分です。私自身が映画製作者であり、この世界に入ったときは、文字通り何百もの短いプロモーション用ビデオを作り編集もしました。だからそういう立場で『2049』を見るとそう言わざるを得ません。

人間としてのアイデンティティに関してですが、前作では人間とレプリカントの両方が同等に強調されています。しかし、今回の『2049』では、ほとんど独占的と言ってもいいくらいにレプリカントに重点が置かれています。スピリチュアルな意味ではレプリカントの方が人間より人間的と言っていいでしょう。

画一化が進んだ『2049』

——二〇一九年を舞台にした『ブレードランナー』では言語や街の風景などの面で多様性が存在していましたが、『2049』の世界は、画一化が進んでいるような気がします。

サモン　前作では、経済力の強さを反映してか、日本にはグローバルな影響力があり、日本と日本語の存在が大きくフィーチャーされていました。ハンガリー語やスペイン語なども存在感を示していました。人種や言語の多様性に重点が置かれていたのです。しかし、『2049』では、ほんの一部のシーンを除いて、ついにみんなが英語を話すようになりました。訛っていようが英語です。

また、『2049』ではストリート・シーンはほとんどありません。Kがバーに立ち寄るシーンくらいです。『2049』は、この信じられないほど巨大な多文化都市の中の非常に狭い区域に焦点を置くと決めたのです。

Kはまるでまっすぐに飛んでいる矢のように直線的に動きます。オリジナルの『ブレー

デッカードの注文に対して、屋台の店員が日本語で応える。『ブレードランナー』の世界の猥雑さが表れたシーンだ。

ドランナー』の世界はクモの巣のようでした。デッカード、そしてロイ・バティも真ん中にいて、そこからあちこちの方向に向かいますが、『２０４９』は直線的で画一的な動きが強調されています。

――その画一化は、世界のグローバル化を象徴しているのでしょうか。

サモン　そう思います。私が興味深いと思ったのは、『２０４９』では、中国を支配的な影響力をもつ国に仕立て上げる衝動に抵抗したことです。現在、多くの映画は単に商業的な理由で中国の要素を取り入れています。ＳＦというのは、常にある程度は現代という時代の「ひび割れた鏡」であるからです。

でも『２０４９』はそれをしなかった。それはとても興味深いことだと思います。その代わりにソ連の要素を取り入れることにしました。さらに抑圧的になり、醜くなり、残忍になり、非人間的になったことを示すためです。私はそういう面を楽しみました。微妙ですが、主に建築にその要素が入っています。撮影はハンガリーでしたので、ソ連時代の廃墟が実際に使えたのです。また、一九五〇年代のブルータリズム建築[*2]がいまだに残る通りでも撮影されました。私はブルータリズムというより、スターリニズムだと考えていますが。

はまり役だったライアン・ゴズリング

――ライアン・ゴズリングについてはどう思いますか。

サモン　彼は完璧に役をこなしました。ライアンは芸域が広いので、最近よくキャスティングされます。目で多くを表現し、ミニマリスト的な演技をするからでしょう。『２０４９』で彼が演じるキャラクターにもその幅の広さをみることができます。自分と同類のレプリカントを殺しつつ、それについて良心の呵責がない、従属的で人工的な存在から始まって、孤独を感じ、報われない愛に固執する人間的な性質を持っていると思わせる存在に至るまで、演技の幅をみることができます。

また、ライアンがまずカナダ人であることを忘れてはいけません。アメリカ人は、カナダ人をとても感じがよく、対立をさける国民であるとみています。カナダ人はアメリカ人を声が大きくてアグレッシヴな国民だとみています。実際には我々は相違点よりも共通点の方が多いのですが。ライアンは、アメリカ人がステレオタイプとして抱く、カナダ人の行動様式をある程度反映しています。つまり協力的でおおらかでフレンドリーで落ち着いているというものです。彼は子どものときから俳優や歌手を経験してきた稀有な俳優です。ライアンのことを悪く言う人は誰もいません。

ハリウッドの現状をみると、スタッフを含め誰もが似たような役を与えられることが多くなっています。しかし、ライアンはこれまで様々な役を演じ、多様な面を見せることができていました。だから『2049』でKにキャスティングされたのだと思います。

『2049』が、基本的に静かな映画であるというところも、非常に興味深い部分です。それでも彼の暴力が炸裂する瞬間があります。例えば最初の農場のシーンで一体目のレプリカントを殺すところです。そのときの彼は残忍そのものです。非常に礼儀ただしく振る舞っていますが、突然喉にパンチを食らわし、格闘の末殺してしまう。見ている方は「おー！」と声が出てしまうほどです。同じことが最後のナイフを使ってのラヴとの格闘にも言えます。こういうシーンは、ライアンが俳優としてどういう能力を持っているかを物語っています。そしてそれは天性のものです。

スピンオフはすばらしいマーケティング戦略だ

——日本の渡辺信一郎監督のアニメ『ブレードランナー ブラックアウト2022』、リドリー・スコットの息子のルーク・スコットが監督を務めた『2036：ネクサス・ドーン』『2048：ノーウェア・トゥ・ラン』という三本の短編スピンオフがありますが、どのように考えていますか。

サモン　『2049』の前に発表されたこれら三本の短編は、スピンオフというより、年代順に記録した、イントロダクション的な作品です。非常にインテリジェントなマーケティング戦略だと思いました。オリジナルの『ブレードランナー』を知らない人が、その映画についてのバックグラウンドを知ることができるからです。さらにすでに前作について知っている人たちも、段階的に新作に導き入れることができます。

渡辺信一郎は大好きな監督です。彼のテレビシリーズ『カウボーイビバップ』[*3]（一九九八年）は私のお気に入りです。この作品は影響力があり、彼自身の監督としての評価も高い。アルコン・エンターテインメントが動いて、渡辺監督が『ブレードランナー』のアニメ版のクリエイティヴ・プロデューサーになったのはすばらしいことだと思います（一〇七頁参照）。

ただ、ユニバーサルやMGMなどで、一〇年以上、広報やマーケティングを担当した私から見て、『2049』はプロモーションの点で、間違いを犯したかもしれないという見方もあります。『2049』の製作については多くの秘密に包まれていました。そしてオリジナルにほとんど言及しておらず、それが実際『2049』に悪い影響を与えたと思います。

決定的な踏み誤りは、今のオーディエンスにオリジナルからの情報を提供する努力をしなかったことです。オリジナルの映画からの映像を使って、『ブレードランナー』という一九八二年の古典的な映画が、それ以降のSF映画に四〇年間にわたって影響を与え続けてきたことを説明してもよかった。オープニング・ショットでそれを見せるだけで続編であることがわかります。前作に従属的な続編にしたくない、という製作者たちの気持ちはわかります。しかし、ほんの少し触れるだけでよかったのに、そういうことをまったくしなかったのです。彼らが前作を尊重しているのをわかっているからこそ残念な判断です。

——再び続編はあるのでしょうか。あるとしたら、どのようなストーリーになるでしょうか。

サモン　まさに今話した渡辺監督のアニメがそれにあたります。変更があるかもしれないが一三エピソードあると聞いています。

映画としての続編については、ミステリアスなままであると言わなければなりません。ただ言えるのは出版物として何か新しい展開があるかもしれないということです。はっきりしたことは話せませんが、『２０４９』やオリジナルのファンにはとてもうれしいニュースを期待できると思います。

売り上げの数字は嘘っぱちだ

——アメリカや世界でのDVDの売り上げの情報は入ってきていますか？

サモン　正直に言うと、そういう数字を私は信じません。長い間この世界にいますが、私自身が関わったものでも、公にする数字は二〇パーセント膨らませろと言われました。『2049』は八〇〇〇万ドルから一億三〇〇〇万ドルの赤字です。これまでの映画の中で三〇番目に赤字の映画であると考えられています。

前作の『ブレードランナー』は公開されたあと、そしてその後しばらく赤字でしたが、それからトントンになり、最終的にはかなりの収益をあげました。お金を取り戻すのに時間がかかったのです。ある意味で『2049』は多くの点で前作と同じ歩みを辿ろうとしています——大当たりではなかったけれども、時間が経つにつれて重要な作品になり、お金を回収するという。でもかなり高くついた映画でした。ギャンブルでした。三時間近い映画をこんなふうにリリースするものではありません——ましてや、タルコフスキーがフィリップ・K・ディックと共演する映画なんですからね。[*4]

ヴィルヌーヴの『2049』は、ソ連の映画監督タルコフスキーたちが創始した、「スロー・シネマ」の系譜に入ります。アクションなしのゆっくりとした、独特のペースで進行し、観客は作品に夢中になります。ドンパチで展開するスーパーヒーローの映画ではなく、長時間の作品です。でも催眠作用があるのに決して退屈することはないのです。プロデューサー経験がある私からみて、実際にソニーやワーナー・ブラザーズやアルコンのようなメジャーなスタジオにこのような映画に費用を負担させることができたことは驚くべきことです。

時代を先取りしすぎた『ブレードランナー』

――実際、西暦二〇一九年になって、感慨はありますか？

サモン　一九八〇年に私がリドリー・スコットと話したときに、「空飛ぶ車」のアイデアを出してきました。そして彼は一九四〇年代のフィルム・ノワールの技法とSF映画を融合させ、今から四〇年先の設定にして、ヘヴィ・メタル（メタル・ユルラン）*5の世界で再現することだと言いました。

SF映画でみんなが常に犯す大きな間違いは、二〇年先、三〇年先の設定なのにテクノロジーを信じられないレベルにまでもっていくことです。私はリドリーに四〇年先に「空飛ぶ車」はないでしょう、と言いました。そして二〇一九年がやってきました。いったいどこで車が飛んでいますか？（笑）

とは言っても、やはり感慨はありますね。実際に二〇一九年一一月にはブレードランナーについての記念イベントがいろいろあります。二〇一九年は非常に重要な年です。

――『ブレードランナー』に関するレビューはすべて読みましたか。

サモン　もちろんです。何千ものレビューです。読んだだけでなく、自分でも書きました。私は、『ブレードランナー』のどのカットもフレームも何百回と見ています。私がとるのは、批評家（クリティクス）の立場です。レビューアーと批評家は違います。レビューアーはさっと短く書いて次の映画に移りますが、批評家は自分の個人的な人生や、アーティスティックな見解や映画の歴史を入れ込みます。

――レビューの中で許せないものはありましたか。

サモン　もちろん最初はとても否定的なレビューばかりです。時代を先取りしすぎましたから。多くのレビューアーや批評家は、映画のビジュアルの濃密さに圧倒されて、背後に

あるものを読みとることができなかったのです。『ブレードランナー』には目に見える以上のものがたくさん隠されています。そして、最初に目くらましにあうので、ますます見えなくなるのです。

『ブレードランナー』はあまりにも奥が深いので、なかなか本質を理解できないのです。私も最初の劇場公開版を見たときは非常にがっかりしました。あらゆることが詰まっていて、表面的なものしか見えなかったからです。今でも過去に見つけられなかった背景の細かい部分を見つけることができるくらいです。

リドリー・スコットは現場での即興の天

才です。稀有な才能です。誰もがリドリーがいかに現場をコントロールしているかについて語ります。彼のビジョンがいかに確固たるものであるかについてみんな語ろうとしますが、実際には彼が最後の瞬間に多くの変更をしているのを私は現場で目撃しました。そのことをみんな知りません。

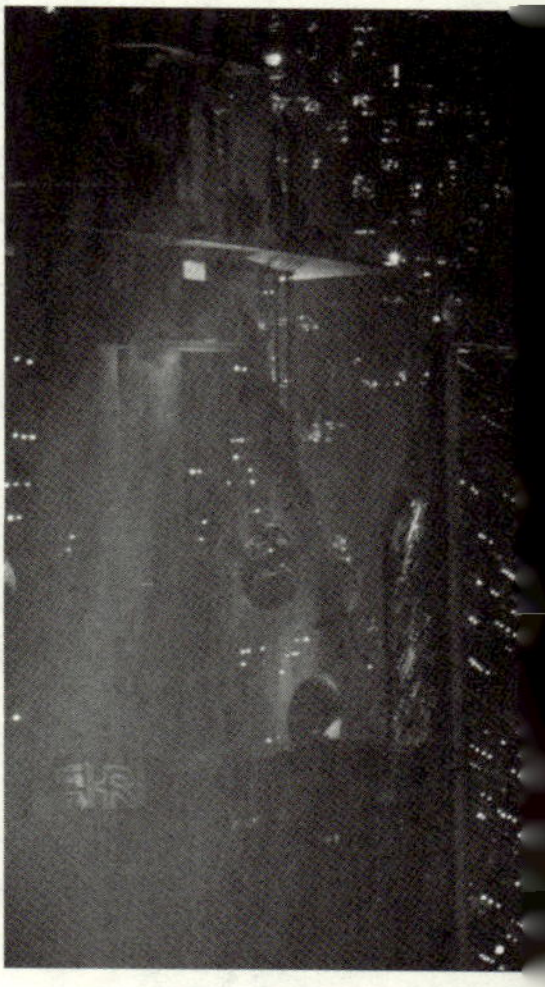

「強力わかもと」を口に含む芸者の脇を通り抜けるスピナー。今や伝説となった『ブレードランナー』の一シーンだ。

リドリー・スコットは、現場の様々な細部にこだわります。備品の位置を変えたり、ライトの微調整をしたりするのです。やりにくい状況に何度も直面し、ものすごいプレッシャーを感じながらも、ビジュアルが自然発生的に展開していく瞬間を維持することができたのです。彼に匹敵する監督を他に知りません。でも進行具合はスローです。プリスが通りをさまよい、ヴァンゲリスの「ブレードランナー・ブルース」が流れる瞬間から催眠的です。

——ポイントがずれたレビューもありましたか。

サモン　この映画が公開されたときにSFファンの意見は完全に二分しました。多くのSFファンは気に入りませんでした。理解できなかったのです。私は、現場で撮影を見ていたせいもありますが、オリジナルの劇場公開用に編集されたものにはがっかりしました。妥協があまりにも多かったからです。ヴォイスオーヴァーもひどかったし、終わり方もひどかった。ハッピーエンディングにしたのも余計です。

デッカードがレプリカントかどうかという曖昧さもオリジナル劇場公開版にはありません。ラスト・シーンでデッカードが単にアルミ箔でできたユニコーンを見つけるだけで、ユニコーンが夢に出てくるシーンもありません。そのあとのディレクターズ・カットでユニコーンのシーンを見たら、突然批評家を含めたみんなが、元々思ったよりも深い映画だと異口同音に言い始めたのです。批評家のコンセンサスが変化しはじめたのは、一九九二年になってからなのです。

つまり『ブレードランナー』は公開から一〇年もの間、批評面では荒野の中にいたのです。面白いことに、その一〇年の間にビデオの最初期のソフトとして世に出ました。あまりにも赤字だったので、少しでも初期投資を回収するために、CBSテレビや初期の頃のケーブルテレビでも放映されました。映画館で見ることがなかった世代が、ブラウン管のサイズに左右を切られた、質の悪い『ブレードランナー』を見て魅了されたのです。彼らがこの映画の深さを理解して、批評家たちも再評価しはじめました。

リドリー・スコットは、「時代に乗り遅れるのも悪いが、時代を先取りするのも同じくらい悪い」と言っていましたが、『ブレードランナー』がまさにその好例です。

黄金の目をもつリドリー・スコット

——現場でのリドリー・スコットについてもっと教えてください。

サモン　一番違うのは目です。彼は黄金の目をもっている唯一の監督です。彼の映画のどれをとってもライティングと美術の点では超一流です。リドリーは元々美術家としてロンドンのロイヤル・カレッジ・オヴ・アートで教育を受けています。世界的に有名な画家のデイヴィッド・ホックニーなどと同期です。

——撮影手法、演出手法、デザイナーとしてどういう点が他の監督と違うのでしょうか。

サモン　撮影手法にしても演出手法にしてもリドリーについて皆が理解していないのは、

彼がオールド・スタイルのハリウッドにおける、スタジオ・システムの工場長みたいな監督であることです。いわばアルフレッド・ヒッチコック[*6]やハワード・ホークス[*7]やジョン・ヒューストン[*8]のような監督です。

リドリーにとっての映画界のアイドルは、スタンリー・キューブリック[*9]とデイヴィッド・リーン[*10]です。おもしろいことにどちらも多作な監督ではありません。特にキャリアが進むにつれ本数は少なくなる。一つの映画に何年もかけ大作をものにします。リドリーはそこまで気が長くありませんが、二人の巨匠と同じようなエネルギーにあふれています。

また、リドリーは同時に多くの異なったプロジェクトを進めます。テレビ、広告などプロモーション、ファッションなどを同時にやり、なおかつそれぞれがおろそかになっていない。集中力がすごいので、様々なことを同時にできます。彼は「自分が監督をする映画には、思っていたほど出来がよくないものもあるが、次の映画がある」と常に言っていました。それが彼の監督としての姿勢です。

リドリー・スコットは基準から逸脱した存在なのです。いくつかの点で一九四〇〜五〇年代へ逆戻りしたような人です。同時に彼は芸術的な映画製作者です。私はあまり成功し

『ブレードランナー』撮影中のリドリー・スコット（左）とハリソン・フォード。

なかった彼の映画もよく見ますが、他のいかなる映画でも出せないような瞬間を垣間見せてくれます。『エイリアン：コヴェナント』（二〇一七年）は基本的に多くの人に酷評されましたが、何カ所か深い部分をもつ映画だと思います。

――『ブレードランナー』の撮影現場で遭遇したトラブルについて教えてください。

サモン　トラブルは毎日何かしら起きていました。いろんな理由で難しい時期でした。ストライキは起きるし、製作スケジュールも初期にすでに遅れていました。リドリーは製作会社の人間から非難されていました。ただ、彼はみんなが思うほど、頑固ではなく、少しずついろいろなことを受け入れるようになっていきました。

撮影中、ハリソン・フォードとリドリーの馬が合わなかったことは有名な話です。リドリーは、カメラが写している映像をそのまま見ることができるモニターを持ち込んでいました。今日《こんにち》では、九五パーセントの監督はそのような器材を使いますが、当時はそれほど一般的ではありませんでした。ハリソン・フォードはそれがいやだったのです。リドリーが現場にいなくてテントの中でモニターを見ているので、ハリソンはフィードバックをリドリーからもらえないのが不満だったのです。

ハリソン・フォードはハリウッドでも最高に知的な人物だ

――ハリソン・フォードとは交流があったのでしょうか。

サモン　ハリソンとは撮影中のある夜、興味深い会話を交わしました。彼はトレーラー（撮影現場にある移動住宅）の外で、明かりもつけずに一人で椅子に座っていましたが、通りかかった私がミハイル・ブルガーコフ[*11]の『巨匠とマルガリータ』というロシアの小説を小脇に抱えて歩いているのを見かけ、話しかけてきました。彼は、「君が撮影所にいるのに気付いていたけど、何をしているんだい」と訊いてきました。私は、「この映画が製作される全部の過程について本を書くためです」と答えました。ハリソンが、「全部だって？　いったいどんなことを書くんだい」と訊ねるので、私は「真実を書くんです」と答えました。俳優は、ジャーナリストのことを信じていません。彼らは非常に敏感で、人が嘘をついているのをかぎ分けることができます。だから私は彼に正直に話しました。「この映画を詳細に研究しようと思っています。すばらしい作品になるはずですから。一般の人たちも映画がどのように作られるのか知りたいはずです」

彼は私が持ち歩いていた『巨匠とマルガリータ』を見て、「ブルガーコフはロシアの作家じゃないか、君はロシア文学が好きなのか」と聞いてきました。「好きです」と答えると自分のトレーラーの中に連れて行ってくれました。その中には本棚が作ってあり、ドストエフスキーやトルストイ、それにブルガーコフの小説があり、まさに彼はロシア文学を読んでいました。それから、私たちはロシア文学について二〇分くらい話し合いました。ハリソンはハリウッドでもっとも知的な俳優の一人で、しっかりとした自分の意見をもっている人物です。

――レイチェルを演じたショーン・ヤングのことを覚えていますか？

サモン　ショーン・ヤングは最初かなり混乱していたようです。準備もできておらず、撮影の進展状況がわからず、自分のやるべきこともはっきりしないので、周囲と摩擦が生じていました。問題の一端は、ハリソン・フォードが熟練の俳優で、彼女は駆け出しの女優だったということです。さらに、単純に言って彼女とハリソンは相性も悪かった。だから二人のロマンスを描かなくてはいけないときは大変でした。

それでもショーンはベストな演技をしたと思います。リドリーのすばらしいところはどんな俳優でもその中からベストな部分を引き出せるところです。ショーンは才能のある女優ですが、この作品以降、その才能を十分に発揮できていないと思います。

愛すべき男ルトガー・ハウアー

――ロイ・バティを演じたルトガー・ハウアーのことをどう思いますか。

サモン　ルトガーはとても愛すべき男です。オランダ人の彼は詩人と水兵を合わせたような、興味深い人物です。私は仕事やプライベートで、オランダで時間を過ごしたことがあ

女性レプリカントのレイチェル。レプリカントの開発者であるエルドン・タイレルの姪の記憶が移植されていて、自分のことを本物の人間だと信じている。

ります。アムステルダム、ハーグ、ロッテルダムです。オランダ人にはリベラリズムと極端な保守主義が混じったようなところがあります。とてもおもしろい混合ですが、それが共存しているのです。さらに彼らは非常に現実的で、気取らないところもあります。ルトガーはそういう部分をすべてロイ・バティの役に入れ、強烈な集中力を発揮して演じきっています。

出身は港町で、私生活ではオートバイに乗り、自分の船ももっている船乗りです。船の操縦も非常

タイレル社が製造したレプリカントのロイ・バティ。脱走したレプリカントたちのリーダー格で、デッカードを最後まで追い詰める。

にうまい。一五歳のときにすでにオランダの商船に乗って一年間船旅に出たこともあるそうです。余談ですが、ルトガーたちオランダ人は、ダッチ Dutch と呼ばれるのが嫌いです。軽蔑的に感じるようです。ネザーランダー Netherlander という言い方を好むようです。

ルトガーは映画の公開にあたって、マスコミに対して常にオープンでしたが、ハリソン・フォードは、数件の重要なインタビュー以外は、ほとんどのメディアの取材にも応じませんでした。二〇〇〇年代になって、私はハリソンにインタビューする機会を得ました。そのとき彼は、「『ブレードランナー』は、その時点までの自分のキャリアにおいて最も不快な経験の一つだった」と言いました。緊張や軋轢の連続で、ヴォイスオーヴァーも気に入らず、ショーン・ヤングも嫌いで、リドリー・スコットが彼をレプリカントにしたいという考えも嫌でした。おまけにリドリーのことも嫌いだったのです。

ハリソンがデッカードのキャラクターを作っているときに、何が脳裏をかけめぐっていたのでしょうか。その質問をすると、彼が最初に言ったのは、「デッカードは破損品」という答えでした。それはおそらくアルコール依存症や、反社会的で、自滅的な人であるという意味だったと思います。そういうことを彼は考えていたのです。

酷評された『ブレードランナー』

——『ブレードランナー』公開時のアメリカ人の反応は本当にひどかったのでしょうか。

サモン　そうです。ほとんどどこでも酷評でした。

——どれくらいひどかったのでしょうか。

サモン　かなりひどかったです。当時最も影響力のある批評家の一人のポーリン・ケイルが、『ブレードランナー』はすべてサブテキストであって（意味が隠されている）、テキスト（表に出ている意味）がないと批判したのは有名な話です。これは換言すれば、この作品はひどいということです。彼女はさらにこの映画のカギとなるプロップ（撮影備品）の一つはフォークト・カンプフ検査であると言い、リドリー・スコットが人間かレプリカントであるか調べるために誰かが彼と仲良くなるべきだと言っていました（笑）。

リドリーは、『ブレードランナー』の後に自分について書かれた批評を読むのをやめました。あまりにもネガティヴなレビューばかりなので苦痛すぎたのです。

シド・ミードとは何者か？

――シド・ミードの貢献についてどう思いますか？　彼はどういう人物でしたか？

サモン　昔私は彼の家から八キロくらいのところに住んでいたので、よく訪ねました。講演もよく聞きに行きました。彼の出世作になった『センティネル』（一九七九年）という本を出したときにはもう知り合いになっていました。我々には共通点が多く、彼が読んでいたSF小説と同じ小説を私も読んでいました。ロバート・A・ハインラインというとても有名なSF作家がいますが、二人とも大ファンです。多くの同じSF作家に二人とも直接会っています。

ミードはデザイナーで、自動車マニアです。彼の創作におけるアプローチは機械のユートピアとでもいうべきものでしたが、『ブレードランナー』でのリドリー・スコットの考えはディストピアでした。ですから摩擦がありました。ミードは普段のアプローチをやめて、リドリーに合わせなければなりませんでした。

彼の貢献は膨大です。『ブレードランナー』で、主人公たちが乗る空飛ぶ車スピナーのデザインはもちろん、リドリー・スコットがミードをずっと使いたいと思った理由はほかにもあります。フォークト・カンプフ検査機のデザインを手伝ったのもミードです。電話のデザイン、様々なコンピューター・スクリーンのデザインを手伝ったのもミードです。彼は時計をデザインするとき、時計自体だけではなくその周囲のものもデザインします。車のデザインも、車だけではなくそれが走るストリートもデザインするのです。

彼が二〇世紀、そして二一世紀における自動車デザイン専門家のトップの一人であることは明白です。フランスの超音速旅客機コンコルドのデザインにも関わっています。

――彼は日本ではアニメファンを中心にかなりの有名人ですが、アメリカの一般人の間ではどうでしょうか。

サモン　一般人の間ではそれほど知られていないと思います。アメリカでは自動車デザインや映画に関心がある人には知られています。そういう人は彼のことをとても尊敬しています。

バンド・デシネの影響

――バンド・デシネ[*12]、特にメビウス[*13]（ジャン・ジロー）が『ブレードランナー』に与えた影響についてよく指摘されていますが、アメリカではこのあたりはどのように考えられていますか。

サモン　リドリー・スコットはもともと『エイリアン』でメビウスを起用しました。彼が『エイリアン』の宇宙服をデザインしたのです。メビウスがフランスの非常に有名なグラフィック・アーティストで、メタル・ユルラン、英語では「ヘヴィ・メタル」のムーヴメ

『ザ・ロング・トゥモロウ』(The Long Tomorrow)の第1回冒頭ページ。ダン・オバノン(Dan O'Bannon)作／メビウス(Mœbius)画。下段の3コマに、『ブレードランナー』の視覚的原型が見てとれる。1976年、「メタル・ユルラン」(Metal Hurlant)誌に掲載された。

ントの中心にいることをリドリーが知ったのは、一九七七年頃のことでした。

『エイリアン』の脚本を書いたダン・オバノン[*14]が、リドリーにメビウスの『ザ・ロング・トゥモロウ』（一九七六年）を見せたのです。実際メビウスはオバノンの描いたスケッチをもとにこのコミックを仕上げました。これは、未来の大都会で探偵が活躍する話ですが、一九四〇年代のフィルム・ノワールのパロディでもあります。

リドリーは『ブレードランナー』を意識的にヘヴィ・メタルのように作ろうとしました。ヘヴィ・メタルのほとんどのストーリーは奇抜でシュールなものですが、と同時に非常に現実的です。現実に根差しているものと、現実離れした想像を融合したものなのです。とてもドライでおもしろい。メビウスはそういうことに非常に長けています。だからリドリー・スコットはメビウスに『ブレードランナー』をまかせようとしたがうまくいかなかった。しかし、彼が基本的にやったことはすべてをヘヴィ・メタルの感受性でフィルターにかけることでした。この点で、リドリーは天才でした。それらの要素を混ぜ合わせて、自分のカクテルを作り上げたのです。

リドリー・スコットは「『ブレードランナー』が大人のためのヘヴィ・メタル・コミックであることをみんな理解していない」と何回か言っています。この発言をふまえてこの映画を見ると、コミックのコマの連続のように思えてきます。

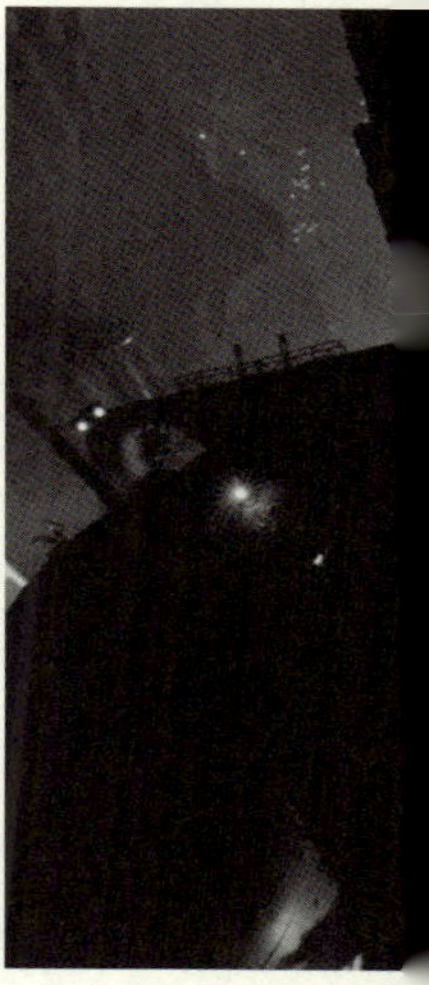

『ブレードランナー』の未来都市像を象徴する暗闇と汚れた都市。リドリー・スコットがメビウスのコミックを消化し、芸術的な段階まで高めている。

『電気羊』と『ブレードランナー』は本質的に同じものだ

――フィリップ・K・ディックの『アンドロイドは電気羊の夢を見るか？』（以下、『電気羊』）についてはどのように考えていますか。

サモン　映画とはまったく異なるものですが、本質は同じです。それがこの映画のユニークなところです。オリジナルの小説はサンフランシスコが舞台です。核戦争があり、核の残留物ですべての動物が死にます。生き残った人はわずかで、そのほとんどは不妊です。逃げることができる人はこの惑星から逃げました。『ブレードランナー』の非常にごたごたした都会ではなく、オリジナルの作品はほとんど人がいない空っぽのサンフランシスコです。

『電気羊』は主人公のリック・デッカードの視点で書かれています。彼はアンドロイドたちを殺すことで十分なお金を得たいと考えています。ちなみにこの小説ではアンドロイドあるいはアンディと呼ばれています。レプリカントは『ブレードランナー』用に作り出された言葉です。

ディックはカリフォルニア州バークレーで多くの時間を過ごしました。カリフォルニア大学バークレー校は、アメリカで最も評価の高い大学の一つです。彼はその図書館で、特別にゲシュタポの日記を読むことを許されます。その中に、ほとんど子どもだけが入れられている収容所の司令官が、「ユダヤ人の子どもが夜中に泣き叫ぶので、睡眠不足になる」と不平を言っている日記に出くわします。もちろん、子どもたちはのちに殺される運命です。

それを読んでディックは愕然としました。どうやったら人間にそんなことが書けるのか理解できなかったのです。ディックは、彼らは人間ではないと断じました。彼らには人間として何かが欠けていて、最悪なことに、その欠けている部分が人間を大量殺戮できる官僚システムを考え出したのです。そして、第二次世界大戦後もそのシステムが使われるようになったとディックは語っています。

「人間ではない人間」――それが『電気羊』の主眼です。人間性を決定するのは何なのか。何が現実と非現実を分けるのか。小説では、デッカードが、自分がアンドロイドではないかと自問する瞬間が訪れます。映画にはありませんが。

結局のところ、舞台設定や登場人物は違いますが、オリジナルの作品と映画の底流にある無意識のテーマは、この人間性です。映画と小説の最大の違いは、小説ではアンドロイドは魂もなく、悪意がありますが、映画ではレプリカントは人間よりも魂があることです。
映画ができたあとに、リドリーはついにディックに会うことになるのですが、大激論が始まりました。ディックはリドリーに「レプリカントには魂がないはずなのに、あなたは魂を与えた」と言いました。リドリーはそれに対して「彼らは飛べないスーパーマンみたいなもので、欠陥がある。だから完璧に人間的だ」と言いました。そこが最大の違いでした。建物で言うと、外観はまったく異なるものに見えるが地下に入るとまったく同じであるようなものです。

試写版が一番優れたヴァージョンだ

――『ブレードランナー』には、多くのヴァージョンありますが、どれが最も好きですか。またはどれを評価していますか。
サモン　私が何年も前から好きなのはいわゆるワーク・プリントと言われるもので、公開される前にデンバーやダラスで試写されたヴァージョンです。それには本当に最後の部分以外にはヴォイスオーヴァーが入っていません。オリジナル版のバカげたハッピーエンディングも入っていません。

『ブレードランナー』にたくさんのヴァージョンがあるのは金儲けのためだ、と多くの人が言っていますが、それは事実ではありません。リドリー・スコットのスケジュールはずっと多忙を極めていたので、二〇〇六年まで自分の希望通りの『ブレードランナー』を作り上げることができなかったのです。二〇〇七年が公開二五周年でそれに間に合わせるために、すべての要素を洗い出し、失われたものを再構築して自分の思い通りのヴァージョンである「ファイナル・カット」を作り上げたのです。

それにはヴォイスオーヴァーのナレーションがないことに気づくでしょう。オリジナルのユニコーンのシーンもあり、エレベーターのドアが閉まるという、あいまいなエンディングもありますが、それはすばらしい終わり方だと思います。ファイナル・カットが私の最も好きなヴァージョンです。それがワーク・プリントにもっとも近いものです。ワーク・プリントにあるものを集めて編集したものです。

ファイナル・カットについての私の唯一最大の不満は、デジタル化されて、いくつかのシーンが明るくされたことです。あの巨大な地獄のような産業用地の風景の部分はファイナル・カットの方がずいぶん明るくなっています。

――撮影に立ち会って、イギリス人とアメリカ人の違いなどを感じましたか。

サモン　問題は、アメリカ人のクルーがイギリス人であるリドリー・スコットのことをまったく理解できなかったことです。リドリーはイギリスでは『エイリアン』などを監督した優れた映画監督として知られていました。でもアメリカ人は、今まで自分たちが仕事で関わってきた人間とはまったく異なる背景をもった監督と働くということを理解していませんでした。

最初リドリーは非常に冷静で、礼儀正しく、気さくでした。でも彼はハリウッド・システムに溶け込むことはありませんでした。ハリウッド・システムでは自分がやることをすべて説明しなければなりません。しかもそのやりたいことを実現するために戦わないといけません。「こういう理由で、私はこうやりたいんだ」というように、スタッフにいちいち説明しないといけません。リドリーはとうとう堪忍袋の緒が切れて「くそったれ」と怒鳴り始めました。その態度の変化をアメリカ人は理解できませんでした。現場にいた私は、これまで誰もやっていない特別なことをやっているんだから、ぶつかるのはしかたがないと思いましたが、現場の人たちは大きなフラストレーションを抱えて撮影に臨んでいました。

そういう状況の中、プロデューサーを務めたマイケル・ディーリー*15はリドリーの熱心な擁護者でした。マイケルは作品の完成に深く関わっていますが、その功績を十分に認められていません。彼がいなければ『ブレードランナー』は存在しなかったでしょう。様々な契約をまとめたのも彼です。人材を集めたのも彼です。リドリーに台本を持ってきたのも彼です。すべてをまとめたのがまさに彼です。マイケルはリドリーのために戦い、いつも味方だった人物です。にもかかわらず『2049』のときに彼は連絡を受けませんでした。残念なことですが、それがハリウッドの現実です。

デッカードは結局何者か?

——デッカードは人間でしょうか、レプリカントでしょうか。

サモン 撮影現場で耳にしたことを教えましょう。リドリー・スコット自身は何年にもわたって考えを変えてきました。撮影中でさえも考えを変えたかもしれません。最初からリドリーは、これは曖昧さとパラノイアについての映画だと言っています。自分こそが最も憎むべきもので、殺すべき対象であることに気付く――これ以上パラノイアであるものはあるだろうか。それが彼が私に言ったことです。

ハリソン・フォードは「ちょっと待て、それはあまりにも曖昧すぎる。観客で感情移入できる者は誰もいない。デッカードは人間であるはずだ。私は観客と映画を感情的につなぐ存在であるはずだ」と言っていました。そこでハリソンとリドリーはまた争ったのです。ハリソンはレプリカントになりたくなかった。彼は弱い人間でその弱さを克服する人間になりたかった。デッカードは映画のエンディングで、始まりと比較して必ずしも良い人間になったとは言えなかったかもしれませんが、少なくとも少しは成長していたようです。

私は、デッカードがレプリカントかどうかは曖昧なままでいいと思います。『2049』に、すばらしい台詞が出てきます。Kがデッカードにはじめて会うシーンに犬が出てきますが、そのときKは「それは本物の犬か？」と訊ねます。デッカードは「わからない、犬に聞いてみたらどうだ」と返す。まさにそのシーンこそ、このミステリーについて象徴的に語られているところだと思います。ミステリーは解答よりも常に優れているのです。

――つまりこの問いに対する決定的な答えはないということですね？

サモン　ないと思います。そこがいいんです。彼らはそれに対する解答を出さなくて賢明だったと思います。Kがレプリカントであり、ラヴもレプリカントであることについては明らかですが。

――『ブレードランナー』シリーズは、見れば見るたびに印象が変わる、質問に対する答えが変わる、というものだと思いますが、他に同類の映画は思い浮かびますか。

サモン　あまり思い浮かびません。私にとって『ブレードランナー』より優れた映画は『２００１年宇宙の旅』です。これまでで最高のＳＦ映画です。表面上は非常にシンプルなストーリーですが、スクリーン上で表現された最も奥の深い、複雑なストーリーの一つです。この映画の中のどの瞬間も様々な意味を示唆します。公開されたのが一九六八年であることを考えるとなおさら興味深いです。

アメリカ文化において、一九四五年から六八年までがゴールデン・エイジでした。つまり『２００１年』は、芸術映画を作るのが可能である最後の年に作られたのです。『２０

01年』は私にとって、たくさんのことが含まれていて、まさに見るたびに印象が変わる映画です。

AIは人類にとって危険なものになりうる

――世界を席巻しているAI、議論を呼んでいるAL（Artificial Life 人工生命）、そして、それによって巻き起こった人々の期待、動揺についてどう思いますか。『ブレードランナー』はその世界を予言してきたと思いますか。

サモン　『ブレードランナー』の前には『エイリアン』がありました。乗組員のひとりのアッシュはロボットと呼ばれています。彼は基本的にはレプリカントで、初期のAIと言っていいでしょう。

興味深いのは、『ブレードランナー』シリーズが、AIが非常にネガティヴなものになりうる、危険になる可能性があることについて警戒していることです。ある意味でAIは反人間的 anti-human です。感情抜きの機械に知性だけを与えると、非常にロジカルなものができます。一方、人間は感情的で不合理なものです。

『ブレードランナー』のレプリカントのように、いつか人間の指示を聞かなくなったり、攻撃するかもしれないものをいじくり回すことが、人類に対してかなりネガティヴな結果を招く可能性があることを予測したという点で、かなり先見の明があったと思います。ただこれは、一九四〇～五〇年代からSFの主要テーマだったことも確かです。

一つ例を挙げれば、一九七〇年に公開されたSF映画『地球爆破作戦』は、冷戦下のアメリカにおける、防衛システム全体を運営するスーパーコンピューター「コロッサス」を中心に展開します。ソ連にも同様の「ガーディアン」というコンピューターがあり、その二つが組み、大統領と書記長を無視して全世界を支配しはじめます。ですから、このようなテーマは、完全に独創的なものとは言えないのです。

グローバリゼーションへの警告

――レプリカントの奴隷的な描かれ方は、現代のアメリカ、ひいてはグローバリゼーションを風刺していると思いますか。

サモン　レプリカントは多くの異なるメタファーを体現しています。映画の中で奴隷であるとはっきりと呼ばれている事実は、グローバリゼーションも含めて、様々なシンボルを示唆します。この場合グローバリゼーションは一つの支配層が底辺層を経済的に抑圧するという意味です。人類にとって、これはずっと昔からどこにでもある現象で、残念ながらこれからも続きます。

皆があまり理解していないのは、グローバリゼーションによって、ネガティヴな経済上の影響があることです。表面上は国境の壁を破ったので、かなりポジティヴな影響を人類に与えているようにも見えます。グローバリゼーションを推進したテクノロジーは世界中の異なる文化が交わることを可能にしました。それは『ブレードランナー』の二〇一九年の世界にも似て、とてもいいことだと思えます。

しかし、今起きていることは、これまでとはまったく異なる考え方の人間がグローバリゼーションの結果として出てきていることです。現在、その国境の壁を戻そうとする動きがあります。多くは右派、特に極右で、移民排斥などを唱えていますが、その動きを止めることはなかなかできません。同時にアメリカには人種差別がまだあります。女性に対する差別も根強い。反知性主義も根強く残っています。

――『２０４９』のウォレス社にモンサントのようなグローバル企業の影を見る向きもあるようですが。

サモン　モンサントのようにＧＭＯ（遺伝子組み換え作物）を作る企業を私は、一九六〇年代から注目していました。最初は化学薬品会社で、徐々に遺伝子組み換えに移り、中西部のトウモロコシをＧＭＯに変えていきました。『２０４９』のウォレス社は、ＧＭＯを作り、世界の食糧問題を解決しました。そして今、そのＧＭＯの作り手としてレプリカントを製造しています。ウォレス社は世界を救うという大義のもと政治経済の支配をすすめているグローバル社会の象徴にも感じられます。

人間であるための条件とは？

――レプリカントは奴隷的な存在かもしれませんが、ある意味、人間以上に人間的な存在として描かれていますね。

サモン　ある意味でそうです。それがこの映画で描かれていることです。原作にはそれはありません。逆です。『電気羊』のアンドロイドは、機械で感情がありません。共感能力もありません。

『ブレードランナー』シリーズでとてもすばらしく、そして面白いのは、レプリカントは人工的な記憶と人工的な感情をもっているが、それは実際の人間のものだということです。だから、彼らは人間であるはずです。しかし、人間ではない。

――人間であることの意味を考えさせられますね。

サモン　その通りです。我々にとって重要なのは自らフォークト・カンプフ検査をやるべきだということです。常に自分の感情のバロメーターのスイッチをオンにして、常に「自分は人間であるのか」「自分は人間として行動しているのか」「自分は機械になってしまっているのか」と問い続けなければなりません。

――あなたにとって、人間であるための条件とは何でしょうか。

サモン　愛、思いやり、親切心、そして共感です。奴隷になることでも殺人をすることでもありません。性的搾取や労働者搾取でもありません。それはすべて非人間的なことで企業の論理に基づいています。「企業」とは非常に興味深いものです。集団精神を持った人間の集合体です。

アメリカで上位二〇〇社の企業のトップはロシアの寡頭政治システムと非常によく似ています。経済エンジンとして国を運営しているので、非常に巨大な影響力を持っています。もしそういう人が心を開いて、成長幻想のようなものから断ち切ることができれば希望があります。そうでなければ希望はありません。彼らがコントロール・バーを握って、「進化しろ進化しろ」と労働者を追い詰めるからです。

ちなみに私は人類に対してあまりポジティブな展望を抱いていません。我々の人口は増えすぎ、資源には限りがあり、この惑星を痛めつけすぎてしまいました。九九パーセントの種が滅びてしまったのに、我々が残り続ける保証はどこにもありません。

我々の次に来るものは何なのでしょうか。機械でしょうか。サイボーグでしょうか。賢い亀かもしれませんね。

インタビュー＝大野和基

＊1 「ポスト・トラウマ・ベースライン・テスト」…『ブレードランナー 2049』で主人公が受ける心理テストの名称。過酷な任務の後、レプリカントの精神が安定しているかどうかを確認する

ために行われる。例えば、「一つの大きな細胞内の部屋と部屋の連結」「恐ろしく鮮明に高く白く戯れる噴水」というようなナボコフの『青白い炎』からの引用の文句などを繰り返すことによって、精神的な動揺と人間的な感情の有無を検査する。

＊2　ブルータリズム建築…「冷酷な印象を与える」（ブルータルな）スタイルをもつ建築様式。一九三〇年代後半から現れ、一九五〇年代から六〇年代にかけて流行した。コンクリート、ガラス、レンガなどを素材のままに使用する荒々しい仕上げを特徴としている。建築家アリソン＆ピーター・スミッソンによって定義されたと伝えられる。

＊3　『カウボーイビバップ』…渡辺信一郎監督、サンライズ制作のテレビアニメ作品。一九九八年から翌年にかけて、テレビ東京系、ＷＯＷＯＷで放映。宇宙船「ビバップ」号に乗る賞金稼ぎたちの活躍を描いたＳＦ作品。ハードボイルド、サイバーパンクなどの影響、ジャズ、ロック、テクノなどの音楽をふんだんに用い、特異な世界が展開される。二〇〇一年には劇場用映画も公開されている。

＊4　アンドレイ・タルコフスキー（一九三二～一九八六年）…映画監督。ロシア・イワノヴォ州生まれ。全ソ国立映画大学の卒業制作で監督した『ローラーとバイオリン』（一九六〇年）が高い評価を得る。代役として監督した『僕の村は戦場だった』（一九六二年）が、ヴェネツィア国際映

画祭で金獅子賞を受賞。以降、当局の検閲と闘いながら独自の映像美と世界観にあふれる傑作を世に送り出した。『惑星ソラリス』（一九七二年）、『ストーカー』（一九七九年）などのSF映画も監督している。一九八四年、西側に亡命を宣言。パリで死去。

＊5　メタル・ユルラン…フランスのSF・ホラー・マンガ雑誌。マンガ家メビウス、フィリップ・ドリュイエなどによって一九七四年創刊された。アメリカでは「ヘヴィ・メタル」の誌名で翻訳され出版。成熟したストーリーと映画を思わせるようなビジュアル・イメージで世界中のクリエーターたちに絶大な影響を与えた。一九八七年に休刊し、二〇〇二年に一時的に復刊するが、二〇〇四年に再び休刊している。

＊6　アルフレッド・ヒッチコック（一八九九～一九八〇年）…映画監督、プロデューサー。ロンドン生まれ。義務教育終了後、電信会社を経て、無声映画の字幕デザイナーとして映画業界で働きはじめる。脚本・助監督を経て、一九二五年、『快楽の園』で監督デビュー。『三十九夜』（一九三五年）、『バルカン超特急』（一九三八年）などのスリラー・サスペンス作品のヒットを飛ばした後、ハリウッドに拠点を移す。アメリカでの初監督作品『レベッカ』がアカデミー作品賞を受賞。以降、『裏窓』（一九五四年）、『北北西に進路を取れ』（一九五九年）、『サイコ』（一九六〇年）など、多くの傑作を世に送り出す。アカデミー監督賞に五回ノミネートされるが、一度

も受賞することはなかった。

＊7　ハワード・ホークス（一八九六〜一九七七年）…映画監督。アメリカ・インディアナ州生まれ。コーネル大学在学中に映画スタジオでセット作りのアルバイトをする。第一次世界大戦に従軍した後、映画界で働きはじめる。助監督、脚本家などを経て、一九二六年に『栄光の道』で監督デビュー。以降、『暗黒街の顔役』（一九三二年）、『三つ数えろ』（一九四六年）、『紳士は金髪がお好き』（一九五三年）など、問題作、ヒット作を多数監督。西部劇、コメディ、ミュージカル、歴史劇、ハードボイルドなど、様々なジャンルの娯楽映画を世に送り出した。

＊8　ジョン・ヒューストン（一九〇六〜一九八七年）…映画監督、脚本家、俳優。アメリカ・ミズーリ州生まれ。父親は俳優のウォルター・ヒューストン。三歳で舞台に立つ。高校を中退し、ボクサー、雑誌記者などを経て、脚本家として映画業界に入る。一九四一年、ハンフリー・ボガート主演の『マルタの鷹』で監督デビュー。ボガートが主演し、父ウォルターが脇を固めた『黄金』（一九四八年）、『白鯨』（一九五六年）、『荒馬と女』（一九六一年）など数多くのヒット作を監督。俳優としても個性的な脇役として『枢機卿』（一九六三年）、『チャイナタウン』（一九七四年）などに出演している。

＊9　スタンリー・キューブリック（一九二八〜一九九九年）…映画監督、脚本家、プロデューサー。

ニューヨーク生まれ。一〇代からカメラに興味を持ち、一九四八年、一八歳のときに「ルック」誌にフォトグラファーとして入社。ストリート写真、俳優、ボクサーなどを撮影。自主製作の短編映画が認められ、『現金に体を張れ』（一九五六年）でメジャー監督デビュー。一九六一年にはイギリスに移住し、『ロリータ』（一九六二年）、『博士の異常な愛情』（一九六四年）、『2001年宇宙の旅』（一九六八年）、『時計じかけのオレンジ』（一九七一年）など数々の問題作を世に出す。寡作ながら、その芸術性と革新性にあふれた作品は現在も多くの映画に影響を与えている。

＊10　デイヴィッド・リーン（一九〇八～一九九一年）…映画監督、脚本家。映画会社に見習いで入り、編集、助監督などを経て、一九四二年、『軍旗の下に』のアクション・シーンの監督を任される。イギリスを舞台にした『逢びき』（一九四五年）、『大いなる遺産』（一九四六年）で実力を発揮し、『アラビアのロレンス』（一九六二年）、『ドクトル・ジバゴ』（一九六五年）などハリウッドの大作映画で巨匠監督の地位を確立。『戦場にかける橋』（一九五七年）、『アラビアのロレンス』でアカデミー監督賞を受賞している。

＊11　ミハイル・ブルガーコフ（一八九一～一九四〇年）…劇作家、小説家。ロシア帝政下のウクライナ・キエフ生まれ。キエフ大学で医学を専攻し、ロシア内戦に従軍。医師の仕事の傍ら、執筆活動を開始。『悪魔物語』『犬の心臓』（共に一九二五年）などの小説、戯曲『トゥルビン家の日々』

（一九二六年）などの傑作を著すが、文明社会への批判、体制への風刺に満ちた内容により、ソビエト連邦政府の弾圧を受ける。一九二六年から亡くなるまで執筆した『巨匠とマルガリータ』は、生前発表することはできず、検閲を受け約一二パーセントを削られたヴァージョンが、一九六六年に出版されている。

＊12 バンド・デシネ…フランス語圏で読まれるストーリー性の高いマンガ。その芸術性でも知られている。ＢＤ（ベデ）とも呼ばれる。代表的な作品に、『タンタンの冒険』（エルジェ作）、『ニコポル三部作』（エンキ・ビラル作）がある。

＊13 メビウス…マンガ家ジャン・ジロー（一九三八〜二〇一二年）のペンネーム。作風によって二つの名前を使い分けていた。手塚治虫が「メビウス線」と名付けた点線で陰影をつける独自の技法は、現在も世界中のアーティストに影響を与え続けている。リドリー・スコット監督の映画『エイリアン』には、コンセプト・アーティストとして参加し、宇宙船ノストロモ号の乗組員の衣装をデザインしている。

＊14 ダン・オバノン（一九四六〜二〇〇九年）…脚本家、映画監督。アメリカ・セントルイス生まれ。南カリフォルニア大学に在学中から映画製作を始める。リドリー・スコット監督の『エイリアン』（一九七九年）、フィリップ・Ｋ・ディック原作の『トータル・リコール』（一九九〇年）な

どの脚本を執筆。コメディ・ホラー映画『バタリアン』（一九八五年）の監督・脚本も務めている。メビウスの『ザ・ロング・トゥモロー』の原作も担当した。

＊15 マイケル・ディーリー…映画プロデューサー。一九三二年、ロンドン生まれ。従軍しマレー半島に赴任した後、一九五二年に編集補助として映画業界入り。五〇年代中盤から低予算のB急映画を皮切りにプロデューサーとして頭角を現す。代表的なプロデュース作品には、『ブレードランナー』のほかに、『ミニミニ大作戦』（一九六九年）、『地球に落ちて来た男』（一九七六年）、『ディア・ハンター』（一九七八年）などがある。

解説

中条省平

二つの『ブレードランナー』を読み解くために

本書は、リドリー・スコット監督の『ブレードランナー』と、その続編であるドゥニ・ヴィルヌーヴ監督の『ブレードランナー２０４９』について、この二作に貢献した四人の重要人物のインタビューをまとめたものです。

その四人とは、『ブレードランナー』の製作総指揮と脚本、そして『ブレードランナー２０４９』の原案と脚本を担当したハンプトン・ファンチャー、また、ファンチャーと共同で『ブレードランナー２０４９』の脚本を仕上げたマイケル・グリーン、さらに、『ブレードランナー』の後日談を描く短編アニメ『ブレードランナー ブラックアウト２０２２』を監督した渡辺信一郎、最後に、『ブレードランナー』の研究書の最高峰というべき『メイキング・オブ・ブレードランナー ファイナル・カット』を書いた批評家のポール・M・サモンです。

ファンチャーも、グリーンも、渡辺も、サモンも、インタビュアーのたくみな質問に応じて、多彩なエピソードを惜しげもなく披露し、三五年を隔てて撮られたこの二本の映画について、その本質と相違点とを語っています。読みどころ満載の書物ですが、自在に流れる会話を再現しているため、さまざまな話題がくり広げられるままに面白く読んでおしまい、というのはあまりにもったいない話です。本解説では、見逃せない主題をいくつか取りあげ、『ブレードランナー』と『ブレードランナー 2049』の世界により深く分け入るためのヒントを提示してみたいと思います。

まず、『ブレードランナー』という映画がどのように発想されたかという最初の問題について、原作者のフィリップ・K・ディックから版権を取得したハンプトン・ファンチャーが舞台裏を語ります。レイ・ブラッドベリが仲介役として登場するその苦労話もじつに興味深いものですが、それは実際に読んでいただくとして、ファンチャーの出発点のアイデアは、SFとフィルム・ノワール(一九四〇年代ハリウッド製の犯罪映画)を融合させるというものでした。アルコール依存症で、失望のどん底にあるシニカルな男が獲物を追いかける、というかなり単純な物語です。要するに、探偵の追跡ものなのです。

本書のポール・M・サモンの証言によれば、このファンチャーの発想に、監督に抜擢されたリドリー・スコットは、フランスの前衛的なSFコミック雑誌「メタル・ユルラン」（英語名「ヘヴィ・メタル」）の世界観を加えようと考えました。スコットは、自分の映画『エイリアン』の脚本を書いたダン・オバノン（のちに『バタリアン』を監督）から、「メタル・ユルラン」に連載された『ザ・ロング・トゥモロウ』というSFマンガを見せられて、夢中になっていたからです。そして、『ブレードランナー』の製作にあたって、「ザ・ロング・トゥモロウ」を描いたフランス人マンガ家のメビウスに連絡をとり、映画への協力を求めました。結局、メビウスの『ブレードランナー』への参加は実現しませんでしたが、スコットは『ブレードランナー』の世界観をメビウスの「ザ・ロング・トゥモロウ」の視覚デザインで統一することに決めたのです。

スコットはもともと美術家であり、祖国イギリスのロイヤル・カレッジ・オヴ・アートで正式な美術教育を受けているので、絵画が達者です。じっさい、スコットが『ブレードランナー』の世界観を具体的に示すためにスタッフに提示した自作のデッサンを見ると、単に上手なだけでなく、メビウスにそっくりの画風で驚嘆させられます。

私は、スコットがメビウスから影響を受けて作りあげた『ブレードランナー』の世界観に〈ヘテロゴシック〉という名称をあたえました。この映画の美学は、一八世紀に大流行したゴシック的廃墟と暗闇の感覚を甦らせ、それをメカニカルに増殖し異形に膨れあがった未来都市に応用しているからです。とくに、この名称で肝心なのは、ゴシックの概念に加えられた〈ヘテロ〉の要素です。『ブレードランナー』の新たなゴシック世界では、ありとあらゆるヘテロ（異質）な要素が混在し、空間を不気味に、またユーモラスに活性化しているのです。

その異質なものの混淆《こんこう》こそが、『ブレードランナー』の世界観の特徴です。そして、それが『ブレードランナー２０４９』に欠けていることは、本書でも渡辺信一郎とポール・M・サモンが指摘しています。

とりわけサモンは、『ブレードランナー』と『ブレードランナー２０４９』を比較して、言語面で、前者が「シティ・トーク」という日本語をはじめ多言語の混淆を強調しているのに対し、後者では英語一色であること、また、空間造形において、前者が猥雑に開かれたストリートを描いてクモの巣状の印象をあたえるのに対して、後者は狭く限られた区域に焦点を置いていること、さらに、主要人物や乗物の動きが、前者ではあちこちの方向にむかうのに対して、後者では直線的で画一的であると論じています。さすがというほかない鋭い指摘です。

こうした『ブレードランナー』の世界観のヘテロな豊饒さは、スタッフの多様な個性がぶつかりあう集団創造芸術である映画の成りたちと深い関係があります。この点も、本書の証言者が一致して語るところです。

ファンチャーは、映画は多くのスタッフが結集してはじめて創造的な力を発揮する表現形式であって、それは誰かの固有の作品というわけではないといっています。また、グリーンは、『ブレードランナー』では何百という想像が重なりあい、何十万という決断がなされ、まさにスコット監督のいう「アイデアの進化」のプロセスを体現しているのだと説明しています。同様に、渡辺信一郎も、そこに集まったスタッフやキャストとの出会い、せめぎ合い、アクシデントなど、奇跡的な偶然の連鎖反応が働いて、こういう作品ができてしまったのだ、と語っています。この点に、映画という集団創造芸術の醍醐味があります。

人間中心主義への疑問

それでは、『ブレードランナー』の根底にある哲学についてはどうでしょうか？　よくいわれるのは、原作者であるフィリップ・K・ディックの思想の影響です。原作小説のタイトル（『アンドロイドは電気羊の夢を見るか？』）にあるとおり、ディックは人間そっくりの人造人間を「アンドロイド」と呼びました。ディックの考えたアンドロイドはあくまでも人間もどきであり、魂はむろんなく、逆に破壊的な悪意をもっています。しかし、『ブレードランナー』のレプリカントには人間的な魂が生じているのです。サモンの証言によれば、この原作との相違に関して、ディックはスコットを非難したといいます。

しかし、『ブレードランナー』の映画化を企画したファンチャーが原作小説においてとくに重視したのは、核戦争と核の残留物の影響で、自然の動物がほとんど死滅した世界という舞台設定でした。動物のいない世界、すなわち、自然の生命を人工物で置き換える世界ということです。自然の生命を滅ぼし、人間がすべてを人工的に作りなおす世界とは、人間中心主義の極限であり、人間が神になることを意味します。ファンチャーはそのような未来のディストピアを恐れ、人間中心主義を批判しようとしたのです。

『ブレードランナー』においてその主題がもっとも鮮烈に表現されるのは、レプリカントの開発者であるタイレル博士をレプリカントのロイ・バティが殺すところです。この場面では明らかに、人類に人工生命の福音をもたらした救世主のタイレルよりも、仲間とともにただひたすら長く生きたいと願うロイのほうが、観客の共感を誘うように描かれています。ここには、同じ仲間の人間を殺したりレプリカントを処分したりする人間よりも、人間に尽くしたあげく機械的に処分されるレプリカントのほうがはるかに人間的だ、という逆説が表れているのです。

最後に、『ブレードランナー』の主人公デッカードは人間なのかレプリカントなのかというファンの頭を悩ませる問題に触れておきましょう。

監督のスコットは「ファイナル・カット」(二〇〇七年)で彼なりの回答を出しています。映画の最後で、デッカードに一角獣の折り紙を残した刑事仲間のガフは、デッカードが一角獣の夢を見るのを知っているということになります。つまり、デッカードの一角獣の夢は、彼個人の自然発生的なものではなく、頭脳の外側から人工的に挿入された疑似記憶にほかならない。したがって、デッカードはレプリカントである、と。たしかに論理的な説明に思われます。

しかし、スコットの断定にもかかわらず、本書のファンチャーも、グリーンも、サモンも、デッカードは人間なのかレプリカントなのか分からないほうが面白いといっています。私も同じ意見です。なぜなら、自分は正しいのかどうか、と自問できる懐疑の能力において、人間は人間的たりうるからです。だとするならば、自分はレプリカントだと確信した時点で、デッカードの懐疑の余地は消えてしまい、レプリカントとして人間と戦うという選択しかなくなってしまいます。それよりむしろ、デッカードのアイデンティティが人間なのかレプリカントなのか不確定なままのほうが、彼の、人間にもレプリカントにも共感できる可能性を残すことになります。それはまた、自分は神に代わって人工生命を作れるという人間中心主義の独善に対する解毒剤にもなるのではないでしょうか？

（フランス文学者、学習院大学文学部教授）

ハンプトン・ファンチャー、渡辺信一郎両氏へのインタビューは、集英社クォータリー『ｋｏｔｏｂａ』二〇一八年春号の掲載分を大幅に加筆・修正したものです。

写真　アマナイメージズ（『ブレードランナー』『ブレードランナー２０４９』スチール写真）
アフロ（三一頁）
大野和基（八、一一、二七、一一二頁）
三浦咲恵（八六頁）

大野和基《おおのかずもと》 編・訳

国際ジャーナリスト。一九五五年、兵庫県生まれ。東京外国語大学英米語学科卒業。コーネル大学で化学、ニューヨーク医科大学で基礎医学を学ぶ。医療問題から経済まで幅広い分野に関して世界中で取材を行う。『英語の品格』（ロッシェル・カップとの共著／インターナショナル新書）、『代理出産―生殖ビジネスと命の尊厳』（集英社新書）などの著書、『お金の流れで読む 日本と世界の未来』（ジム・ロジャーズ／PHP新書）などの訳書がある。

ブレードランナー証言録《しょうげんろく》

インターナショナル新書〇三九

二〇一九年六月一二日 第一刷発行

著　者　ハンプトン・ファンチャー　マイケル・グリーン
渡辺信一郎《わたなべしんいちろう》　ポール・M・サモン

編・訳　大野和基《おおのかずもと》

発行者　椛島良介

発行所　株式会社 集英社インターナショナル
〒一〇一－〇〇六四 東京都千代田区神田猿楽町一－五－一八
電話 〇三－五二一一－二六三〇

発売所　株式会社 集英社
〒一〇一－八〇五〇 東京都千代田区一ツ橋二－五－一〇
電話 〇三－三二三〇－六〇八〇（読者係）／〇三－三二三〇－六三九三（販売部）書店専用

装　幀　アルビレオ

印刷所
製本所　大日本印刷株式会社

Printed in Japan　ISBN978-4-7976-8039-3 C0274

インターナショナル新書

005
映画と本の意外な関係！
町山智浩

映画のシーンに登場する本や台詞などを元ネタの文学や詩までに深く分け入って解説し、アメリカ社会の深層をもあぶり出す。全く新しい映画評論。

012
英語の品格
ロッシェル・カップ
大野和基

「please」や「why」は、使い方を間違うとトラブルの元になる⁉ ビジネスや日常生活ですぐに役立つ品格のある英語を伝授する。

021
「最前線の映画」を読む
町山智浩

『ラ・ラ・ランド』はラブ・ロマンスにあらず。スコセッシ監督が遠藤周作『沈黙』の映画化にこだわった理由とは？ 映画に隠された「秘密」を解き明かす！

038
国家の統計破壊
明石順平

国民の目に触れないところで、国家の基幹統計が都合よく歪められている。国会での公述人が、公的データをもとに「統計破壊」の実態を暴く。

040
ことばのトリセツ
黒川伊保子

大切なのは意味より語感。28年に及ぶ「語感分析」が裏付ける、男女関係、職場の上下関係、ネーミングなど、あらゆる場で役に立つ「ことば」の極意。